普通高等教育经济管理类“十二五”规划教材·实践系列

文化产业项目管理实践教程

田杰　编著

内 容 提 要

本书共9个章节。内容包括文化产业项目管理实践课程概述、项目管理与Projece 2007、Projece 2007界面及操作、文化产业项目启动与创建、项目进度计划编制与管理、项目资源计划编制与管理、项目成本计划编制与管理、项目的优化与跟踪、报表管理等内容。本书内容丰富，结构清晰，案例经典，实用性强，以实践为出发点，注重理论与实践的有机结合，使学生在掌握理论知识的同时能够灵活的将其运用于实践。

适合于项目管理人员、办公自动化人员、高等院校、高职高专、成人、函授、网络教育，自学考试师生及计算机培训人员使用，同时也是Project爱好者的必备参考书。

图书在版编目（CIP）数据

文化产业项目管理实践教程 / 田杰编著. -- 北京 : 中国水利水电出版社, 2013.9
普通高等教育经济管理类“十二五”规划教材. 实践系列
ISBN 978-7-5170-1271-9

Ⅰ. ①文… Ⅱ. ①田… Ⅲ. ①文化产业－管理－高等学校－教材 Ⅳ. ①G114

中国版本图书馆CIP数据核字(2013)第224672号

书　　名	普通高等教育经济管理类“十二五”规划教材·实践系列 **文化产业项目管理实践教程**
作　　者	田杰　编著
出版发行	中国水利水电出版社 (北京市海淀区玉渊潭南路1号D座　100038) 网址：www.waterpub.com.cn E-mail：sales@waterpub.com.cn 电话：(010) 68367658（发行部）
经　　售	北京科水图书销售中心（零售） 电话：(010) 88383994、63202643、68545874 全国各地新华书店和相关出版物销售网点
排　　版	北京时代澄宇科技有限公司
印　　刷	北京瑞斯通印务发展有限公司
规　　格	184mm×260mm　16开本　7.25印张　172千字
版　　次	2013年9月第1版　2013年9月第1次印刷
印　　数	0001—3000册
定　　价	**20.00**元

前言

当前，高等教育以“宽口径、厚基础、强能力、求创新”为导向，意在培养“有知识、有能力、能创新、各项素质全面发展”的新型大学生。这需要改革传统的“重知识、轻实践”的教学模式，提倡“实践出真知”的教学理念，着力加强培养学生实践能力和创新精神。

实践教学是学生将理论知识有效运用到社会实践的桥梁，是学生自我检验知识和提升认知的有效手段，更是培养学生实践能力和创新能力的桥头堡。因此，完成对当代新型大学生的培养，首先需要的就是要大力开展实践教学。

开展实践教学就需要有合适的实践教材作为支撑，实践教材是教学内容和教学方法的载体，是提高实践教学的根本保障，更是学生发挥自主性学习和实践的重要工具。因此，实践教材建设是实践教学改革中的重中之重。

正是本着以上原因，从深化教育教学改革以及实践教学的需求出发，我们编写了本实践教材。

当前，文化产业在国家政策的大力激励下，正在蓬勃有力地向前发展。文化产业就要走到社会中去，由此催生了众多的文化产业项目。文化产业项目具有鲜明而独有的特征，比其他一切项目牵连更广，更加需要统筹和有效率地进行管理。而 Project 2007 是一款专用于项目管理的软件，它可以适用不同企业规模和不同管理目标的要求，已成为世界上最受欢迎的项目管理软件之一。面对文化产业项目管理的复杂性，Project 2007 项目管理软件正好可以成为一个好的帮手来提高文化产业项目管理的效率和质量。

本实践教材结合学校实际需求和文化产业专业学生的特点，以文化产业项目管理案例为参照由浅入深地介绍了 Project 2007 的相关知识和操作。内容主要包括项目的启动与规划、项目的创建、项目任务、资源和成本管理、项目的优化与跟踪以及项目报表的制作与输出等。

本书在编写过程中，学习和借鉴了国内外许多专家学者的有关研究成果，在此向他们表示致敬和感谢！同时，本书的编写也得益于学校领导、专家教授和同事们的无私帮助，在此对他们默默的付出表示深深的感激之情。

本书的出版受到北京印刷学院工商管理共享实验室建设项目（项目编号为 03150112012）以及北京印刷学院教学改革项目“文化产业管理专业创意与实践教学改革”（项目编号 22150112039）的资助。

最后需要说明的是，由于成书时间仓促及作者水平有限，书中错误和疏漏之处在所难免，敬请各同仁、专家和读者批评指正，以帮助我们在以后的修订过程中逐步完善。

北京印刷学院文化产业管理系　田杰

2013 年 6 月 4 日于京南听晨轩

Contents 目 录

第1章 文化产业项目管理实践课程概述

本章学习要点：

了解本实践课程的意义。

了解本实践课程的形式。

明确本实践课程所要达到的效果。

进入21世纪，项目一词变得更加流行。从国家的重大工程项目到学校的科研项目，从企业的商业运营项目到私人的个人项目，我们的生活中充斥着形形色色的项目。那么，如何把项目做好呢？对项目进行有序而高效的管理就进入人们的思考之中，这就形成了一门学科——项目管理。项目管理的概念经过长期的发展，已具备了完整的理论体系。特别是在信息技术广泛运用的今天，各种辅助项目管理的应用技术与软件应运而生，这些技术与软件极大地方便了项目管理的实践过程。微软推出的 Project 系列软件则是其中的佼佼者，获得了项目管理从业者的广泛认同。

1.1 课程概述

本项目管理实践课程就是运用计算机项目管理软件 Project 2007 贯穿项目管理的全部过程，并通过此软件提高项目管理的效率和效果。通过功能强大的项目管理工具，可以掌控复杂的项目，并安排和追踪其所有的活动，让用户对项目的进展了如指掌。比如，使用 Project 进行项目管理即为项目管理的实践。本文化产业项目管理实践就是针对于文化产业的项目进行的工具化实践活动。

1.1.1 课程目的与内容

本项目管理实践课程是在修完《管理学原理》、《文化产业通论》、《市场营销学》、《文化产业创意与策划》、《文化政策与法规》以及《项目策划与管理》等课程后，进行的一个重要实践性教学环节。

本课程的主要目的在于通过模拟文化产业项目运作管理的过程，提高学生对文化产业项目管理活动的认识，加深对专业知识的理解，训练学生从事实际项目管理的技能，培养竞争意识、合作精神以及思考和决策能力，为学生适应今后的工作奠定基础。

本课程结合学校实际需求和文化产业专业学生的特点，以文化产业项目管理案例为参照由浅入深地介绍了 Project 2007 的知识和操作。内容主要包括项目的启动与规划、项目的创建、项目任务、资源和成本管理、项目的优化与跟踪以及项目报表的制作与输出等。

1.1.2 课程的实践要求

本课程对学生有以下要求。

(1) 要求深入文化企事业单位。学生可以选择到出版、影视、网络等文化企事业单位参与文化产业项目管理各环节的活动。在实习单位的安排下参与实际工作，达到对文化产业项目的认知和熟悉。

(2) 通过实践，深化项目管理知识，学习相关的项目管理辅助软件如 Project 2007 等。

(3) 结合对现实文化产业项目的把握和对项目管理工具的熟悉，提高文化产业项目管理的效率。

1.2 课程的意义

文化产业项目管理本身就是实践性很强的一门课程，通过工具化的操作与实践更有助于提高其实践性，对提高教学效果与质量具有重要的现实意义，具体表现为以下几个方面。

1. 提高学生的动手能力

文化产业项目管理需要一定的软硬件支持，这要求学生要学习一些诸如 Project 2007 等相关的软件，这无疑会提高学生的实践技能和动手能力。

2. 提高学生的统筹规划能力

项目管理本是一项综合工程。利用项目管理软件时，需要对其进行更加精细化的梳理和规划，否则就达不到项目软件的要求，体现不了使用软件带来的效率的提高。

3. 提高学生的合作精神和团队协调能力

在使用项目管理软件进行项目案例的实践过程中，一般需要进行不同的任务分工，各自承担一定的项目活动或任务。但最终完成的是同一个目标，这就要求各项任务无丝毫差错才能前后进行衔接。这会锻炼和提高学生的合作精神及团队协调能力。

4. 提高学生的管理学综合应用能力

项目管理包括资源管理、成本管理、范围管理等一系列的内容。在使用项目管理软件进行项目管理的过程中，能综合运用这些内容，也是对学生管理学综合应用能力的训练和提升。

1.3 教学形式与效果

1.3.1 教学形式

在本实践课程中，学生将会承担分解后的各个项目活动和任务。这些活动和任务的承担者即为不同的角色。有的学生可以负责资源管理，有的学生则可以负责进度管理等。在

实践中，我们还可以针对项目管理的周期阶段进行任务划分，并让学生承担不同的角色。有的学生可以负责项目规划，有的学生则负责项目实施等。这些角色和分工的设计将会使学生在实践课程中找到合适的位置并为之奋斗。当然，在不同的项目实践中，这些角色或分工可以进行轮换，以调动学生的积极性并能提高综合能力。

1.3.2 教学效果

通过以上的教学形式，本实践课程应能达到很好的效果。主要表现如下：

(1) 使学生全面实践课堂上所学的知识，做到学以致用、活学活用。

实践是一门综合的学问，实践的对象和基础就是课堂上所学过的知识。在课堂上的学习往往偏重于理论和逻辑。而实践则是把这种抽象的理论形成一定的表现物。这些表现物能让学生直观地感受到学习的成果，又能检验出学习的多少与对错。通过这些实践练习，会使学生对所学知识学以致用和活学活用。

(2) 强化社会与学校的练习，丰富自己的实践，并在一定程度上促进校企合作的开展，促进产学研用的一体化进程。

实践不仅仅要有工具，还需要有理论指导；但有了理论指导依然不够，还需要有“烹制”的材料。这个材料不能够由自己凭空臆造，而需要从社会中寻找，需要从企业中获取。这会让学生放眼社会，促进校企合作，乃至产学研用的一体化进程。

课后思考题

1. 本实践课程的意义何在？
2. 你认为采用项目管理软件辅助项目管理能在多大程度上提高项目管理的效率？
3. 你认为文化产业项目管理有什么独特的特点？

第 2 章
项目管理与 Project 2007

本章学习要点：

了解项目与项目管理的相关概念。

了解项目管理与 Project 2007 之间的关系。

熟悉 Project 2007 产品及其安装过程。

我们先回顾一下项目和项目管理的相关概念，为运用软件实现项目管理打下基础。然后再介绍如何进行 Project 2007 软件的安装等。

2.1　项目和项目管理概述

2.1.1　项目的基本概念

“项目”一词古来有之。古代的著名工程如金字塔、长城等皆为项目。现代，我们有时也把项目称为工程，如三峡工程。那么，项目有没有一个统一的定义呢？

一般来说，项目是指在一定的约束条件下（主要是限定资金、时间等），为完成某一独特的产品或服务的具有特定目标的一次性或临时性的任务或活动。

通过现在比较统一的对项目概念的认知，可以归纳出其以下主要特征。

（1）一次性。这说明每个项目都具有特殊性，没有两个完全相同的项目。一次性是项目区别于其他任务的基本特征。

（2）生命周期性。项目有起点也有终点。任何项目都有立项、计划、实施、收尾、维护这样的一个生命周期过程。

（3）目标的明确性。项目的目标必须明确，否则不称其为项目。而其目标则由成果性目标与约束性目标组成。

（4）项目的互相依赖性和冲突属性。项目常与日常生活中的任务发生关联，但更多的时候，项目与现实活动因为标准和目标及还击的不同引发冲突。

（5）风险性。项目往往在条件不确定的情况下进行，项目存在很大的不可预知性和风险性。

2.1.2　项目管理的基本概念

项目管理是一系列的计划、组织、用人、指导与控制的过程，在该过程中充分运用企

业的资源，包括资本、物料、时间与员工等，以实现企业的相对短期目标。

项目管理共有 9 方面的内容：项目范围管理、项目实践管理、项目成本管理、项目质量管理、项目人力资源管理、项目沟通管理、项目风险管理、项目采购管理、项目整体管理等。

项目作为一门应用学科，具有一套完整的方法体系，这些技术和工具能够帮助项目管理工作者有效地实现项目管理的目标。具体包括如下几个方面。

(1) 任务分解结构技术。通常简称为 WBS，它用来将一个整体的项目按照一定的原则进行分解，这样能够对项目进行灵活有效的控制。

(2) 甘特图。甘特图主要作为项目进度管理工具而闻名于世。在 Project 2007 中将其作为默认视图，可以看出其重要程度之一斑。

(3) 项目评审技术。通常简称为 PERT。它采用了概率统计计算工期期望的方法，这是一种非肯定网络分析方法。

(4) 关键路径法。通常简称为 CPW。它是项目管理中最基本的调度分配方法，也是项目时间管理中最重要的方法。

2.2 Project 2007 与项目管理

在了解了项目管理的相关概念及其方法以后，我们就需要找到一种软件系统的支持以实现这些技术和方法。计算机和网络技术的发展为项目管理带来了新的机遇。利用计算机软件系统的功能来完成项目管理的整个周期是我们追求的目标。而 Project 2007 则是这种软件系统的典型代表。

2.2.1 Project 2007 产品介绍

Project 2007 是 Project 软件基于 Windows 操作系统的第 7 个版本，它已经成为世界上最受欢迎的项目管理软件。它可以适用于不同企业规模和不同管理目标的需求，既可以选择满足个别需要的单用户版本，也可以选择满足大型项目管理需求的服务器版本，允许多个用户使用普通数据协同工作。

Project 2007 系列产品包括 Project Standard 2007、Project Professional 2007、Project Server 2007 和 Project Web Access。Project 2007 是 Microsoft Office 系统中不可缺少的一部分，它可以满足各种项目组合的各种需要。

Project Standard 2007 专为无需与其他人协作建立项目的管理者设计的。Project Professional 2007 专为需要与企业中其他人协同工作以通过连接到 Project Server 2007 来共享日程和资源的项目经理设计的。其他的版本也可以满足不同人需要，在此不再赘述。

2.2.2 安装 Project 2007

Project 2007 的安装与卸载都非常简单方便，下面以安装 Project 为例介绍软件的安装过程。步骤如下。

(1) 准备好安装盘或安装程序，打开 Project 目录，如图 2-1 所示。

图 2-1 安装目录

（2）在目录中找到安装程序 setup. exe，双击即可启动安装程序，并输入产品密钥，如图 2-2 所示。

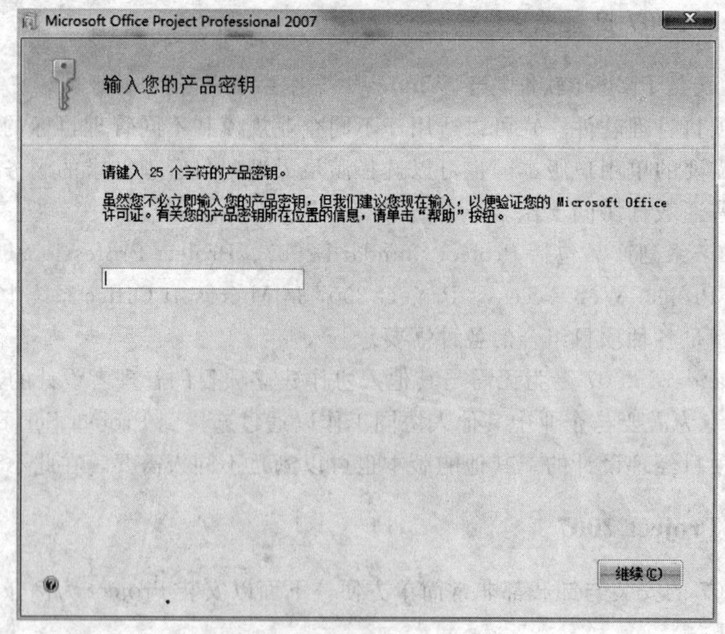

图 2-2 输入产品密钥

（3）开始安装。输入正确的密钥并单击“继续”按钮，选择安装类型。一般选择“立即安装”方式，安装程序进入进度条安装状态，如图 2－3 和图 2－4 所示。

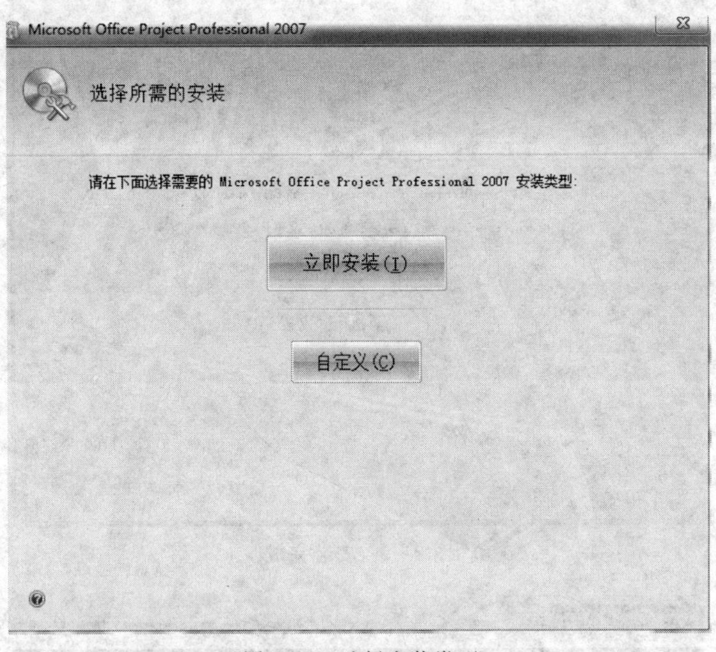

图 2－3　选择安装类型

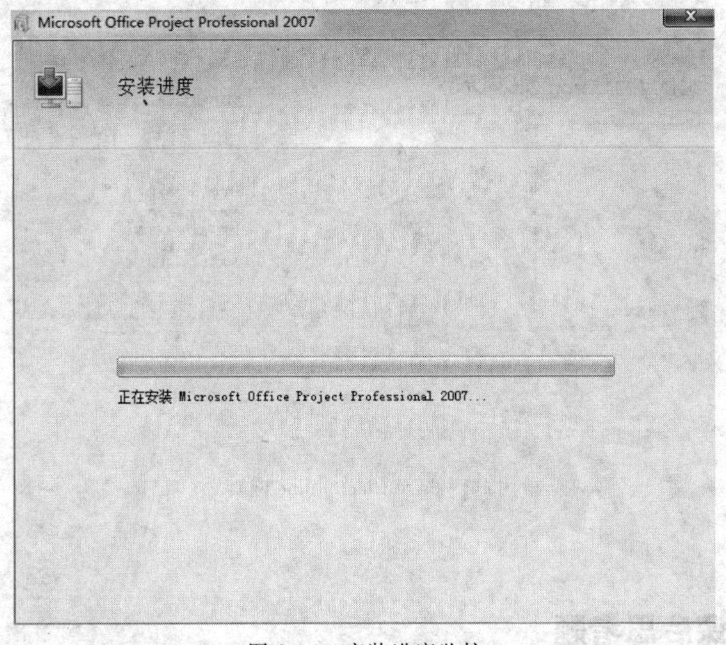

图 2－4　安装进度监控

（4）安装结束。弹出如图 2－5 所示的对话框，单击“关闭”按钮即完成安装程序。

如果用户希望得到免费的产品更新、帮助及联机服务，可以单击图 2－5 中的“转到 Office Online”按钮，系统会打开相应的更新网页，如图 2－6 所示。

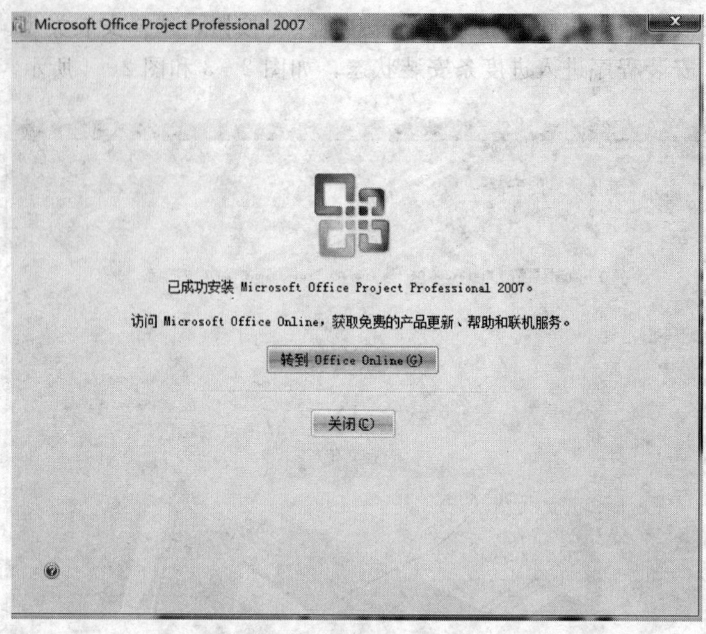

图 2-5　安装完成

图 2-6　Office Online 网页

课后思考题

1. 复习项目与项目管理的概念及其理论。
2. 购买或下载 Project 2007 产品，试着安装到自己的计算机上。

第 3 章
Project 2007 界面及操作

本章学习要点：

熟练 Project 2007 的启动和退出。

熟悉 Project 2007 的操作界面。

熟练掌握 Project 2007 的基本操作。

Project 2007 作为强大的项目管理工具，其界面简洁大方，操作简单易学。本章主要学习 Project 2007 的启动和退出、操作界面以及基本操作等。

3.1 启动和退出 Project 2007

在安装好 Project 2007 后，可以在“开始”→“所有程序”→Microsoft Office 子菜单中找到 Microsoft Office Project 2007 命令，单击即可完成启动。这时会出现 Project 2007 的操作界面，如图 3－1 所示。

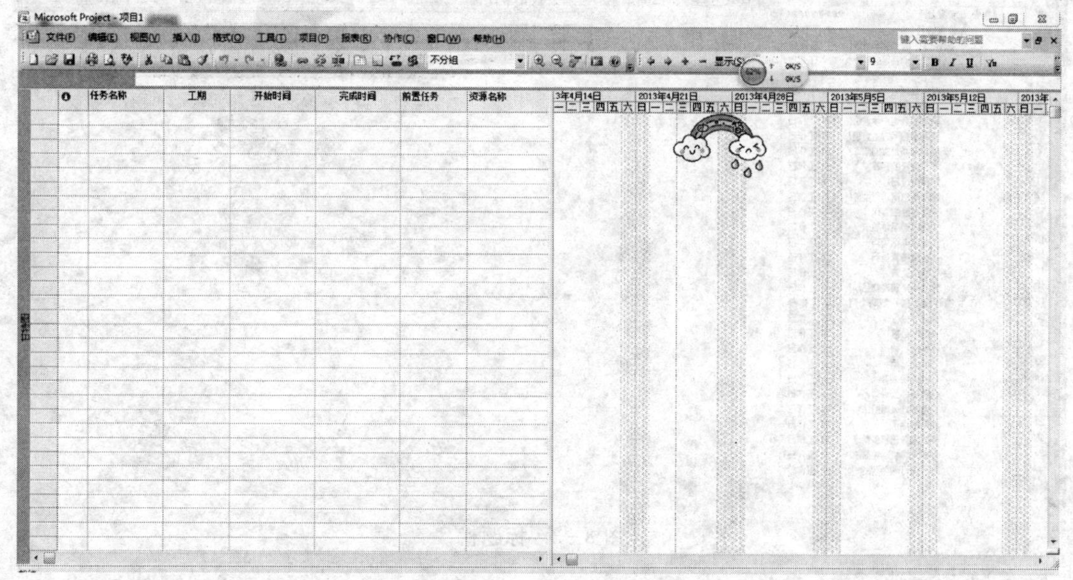

图 3－1　Project 2007 的操作界面

退出 Project 2007 操作更为简单，直接单击操作界面右上方的“关闭”按钮即可完成。如果当前的 Project 2007 文档没有保存，会弹出提示保存的对话框，如图 3－2 所示。

图 3－2　退出时提示保存的对话框

3.2　Project 2007 的操作界面

Project 2007 的界面比较友好，很容易学习和掌握，下面对标题栏、菜单栏、工具栏、项目窗口、数据编辑栏、视图等进行介绍。

3.2.1　标题栏

标题栏位于界面的最左上角，如图 3－3 所示，箭头指向的即是该项目的标题，显示为"Microsoft Project -办公室搬迁"。

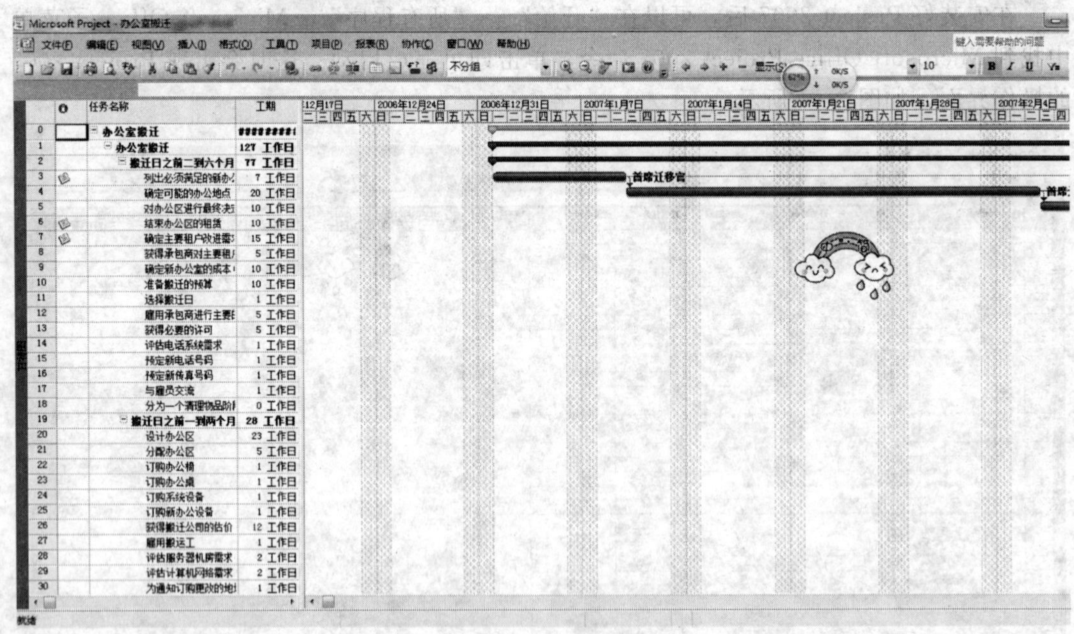

图 3－3　标题栏

3.2.2　菜单栏

菜单栏位于标题栏的下方，包括"文件"、"编辑"、"视图"、"插入"、"格式"、"工具”、“项目”、“报表”、“协作”、“窗口”和“帮助”11 个主菜单，单击这些主菜单，会弹出相应的下拉菜单，如图 3－4 所示。

图 3－4 菜单栏

3.2.3 工具栏

工具栏一般位于菜单栏的下方，如图 3－5 所示。

图 3－5 工具栏

如果要显示更多的工具，可以指向“视图”→“工具栏”子菜单，从中选择相应的工具栏命令即可。

3.2.4 项目窗口

项目窗口是用来显示和查看项目的窗口，默认情况下显示项目的甘特图，包括任务的字段和单元格，如图 3－6 所示。

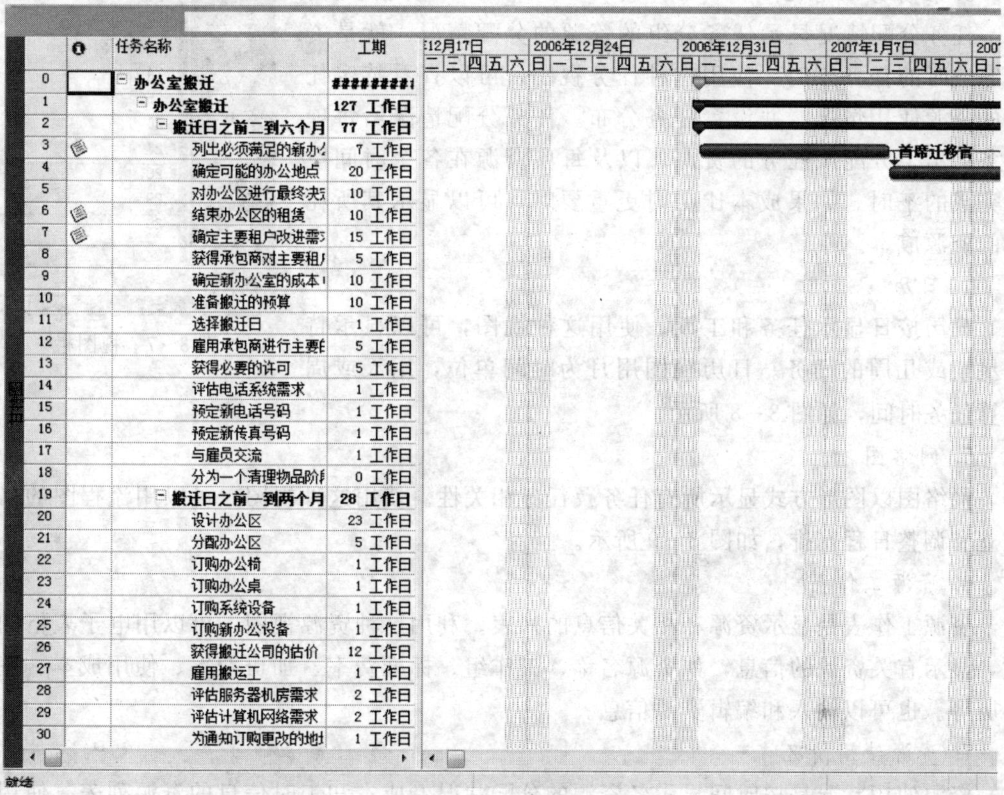

图 3－6 项目窗口

3.2.5 视图

因为项目十分复杂，单个视图往往无法显示项目的全部信息，因此 Project 2007 提供了多种视图，包括甘特图、跟踪甘特图、任务分配状况、日历、网络图、资源工作表等。

单击“视图”→“视图栏”命令显示视图栏，如图 3-7 所示。最左侧的竖列即是各种视图，这些视图可以相互切换。

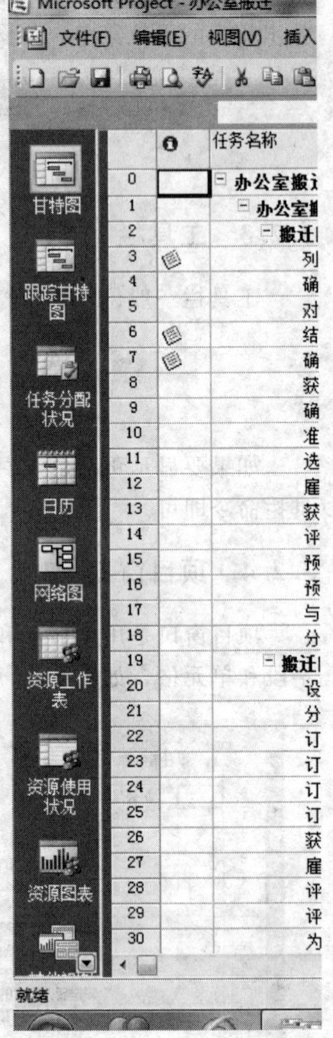

图 3-7 视图栏

1. 甘特图

甘特图包含任务和相关信息列表，以及按时间显示的任务和工期图表。视图的左边采用工作表方式显示，右侧用图表的方式显示。甘特图的最大优势是查看任务的工期和进程。系统默认状态显示的就是甘特图。

2. 跟踪甘特图

跟踪甘特图与甘特图的不同在于显示实际完成工作的方式不一样。跟踪甘特图也显示任务及其信息列表，以及各任务的比较基准和当前规划甘特条形图的图表。在显示中，对计划进度和实际进度进行比较。

3. 任务分配情况

任务分配情况显示任务分组的资源的分配情况，就是资源完成时的任务工时。使用这种任务视图，可以查看特定任务的资源使用情况，并设置任务分布。任务分配情况给每项任务列出了分配该任务的资源，以及每项资源在各个时间段内完成的工时。如果成本比工时更重要时，可以显示其所耗费的资源成本。

4. 日历

日历按日显示任务和工期。使用这种视图，可以显示特定星期或几周的任务。日历视图用月为时间单位，用天或周计算任务时间，如图 3-8 所示。

5. 网络图

网络图以图形方式显示所有任务及任务相关性。使用这种视图，可以用流程图的格式建立和调整日程安排，如图 3-9 所示。

6. 资源工作表

资源工作表是显示资源和相关信息的列表。利用这种资源视图，可以用电子表格的格式，显示有关资源的信息，如资源名称、工作组、标准费率、加班费率、使用成本、基准日历等。也可以输入和编辑资源信息。

7. 资源使用情况

资源使用状况是按时间显示各资源的分配状况、成本和工时信息的资源列表。使用这种视图，可以显示各资源的成本或工时分配信息，并设置工作分配的任务分布。

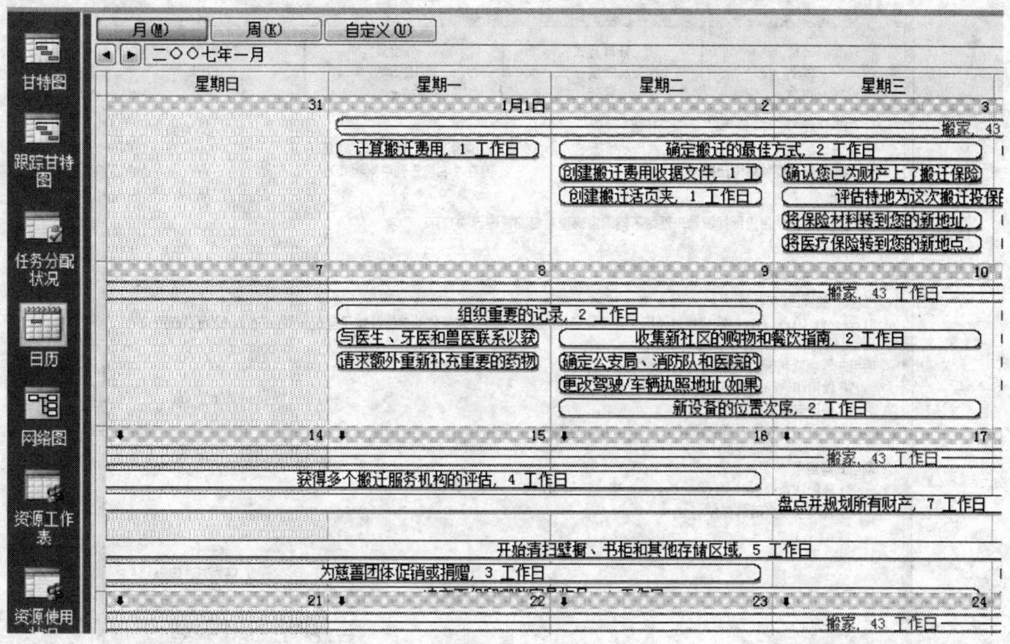

图 3-8　日历

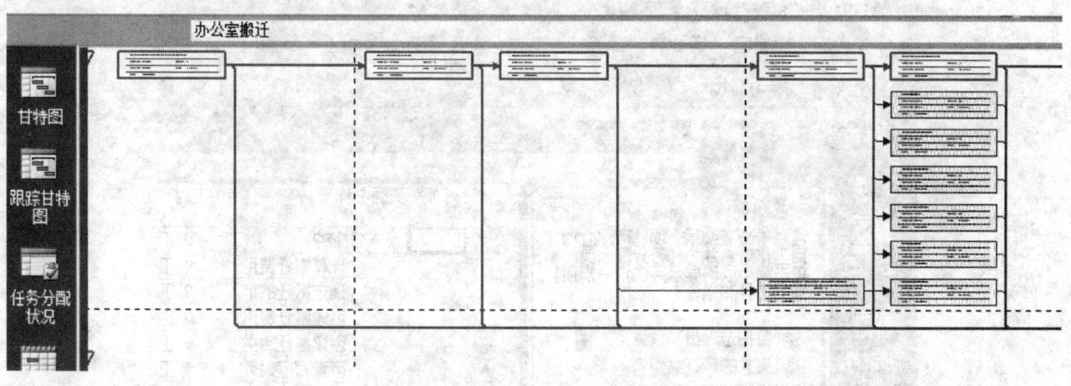

图 3-9　网络图

8. 资源图表

资源图表是逐个显示资源分配、成本和加班工时的图表。利用这种资源视图，可以根据时间显示有关单个或组合资源的信息。该视图的作用在于显示资源冲突，提示资源的过度配置或不充分利用。

3.2.6　项目向导

执行“工具”→“选项”命令，打开“选项”对话框，单击“界面”选项卡，在“项目向导设置”部分中选中“显示项目向导”复选框，如图 3-10 所示。

设置以后，可以显示以下界面，如图 3-11 所示。

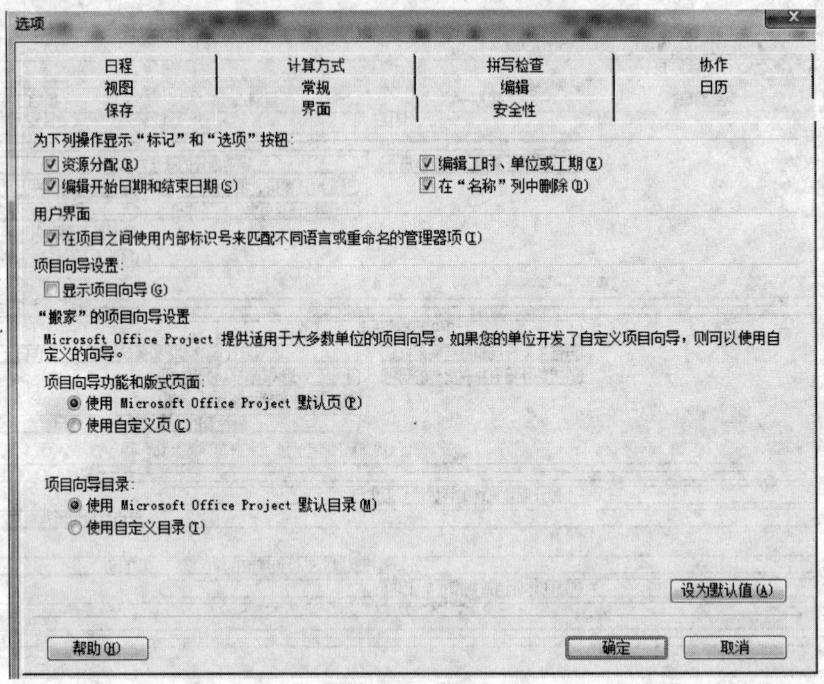

图 3-10　设置项目向导

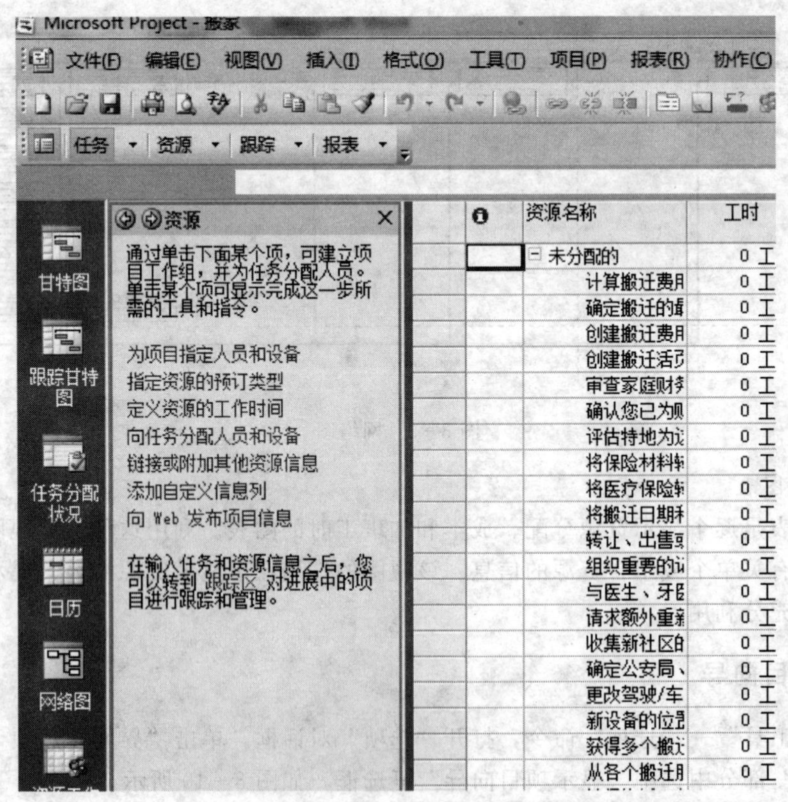

图 3-11　项目向导界面显示

3.3 Project 2007 的基本操作

在日常项目实践中，Project 视图使用最多的是“甘特图”和“资源工作表”这两种视图，下面简单介绍这两个视图的基本操作。

3.3.1 任务操作

项目往往分解成很多任务。在 Project 2007 中，任务就是一种有开始时间和结束时间的操作。

1. 新建任务

在甘特图左侧工作表的“任务名称”域中可以直接输入任务内容，按 Enter 键确认，“工期”域中自动生成工期为 1 工作日的任务，如图 3-12 所示。

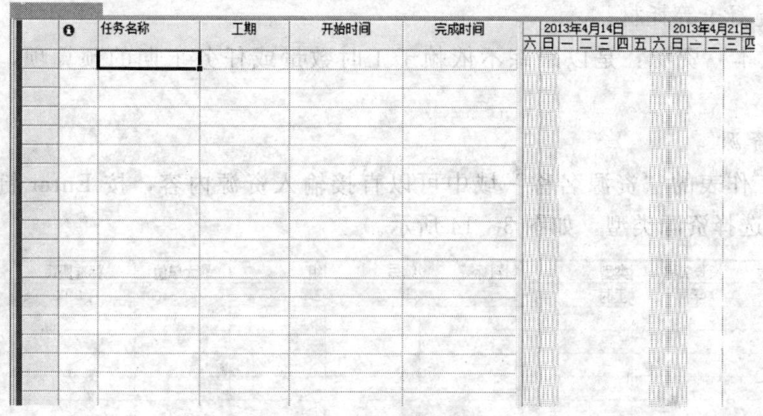

图 3-12 新建任务

2. 修改任务

我们有时需要对已经建好的任务进行修改。双击要修改任务所在的行，出现“任务信息”对话框，在其中进行修改即可，如图 3-13 所示。

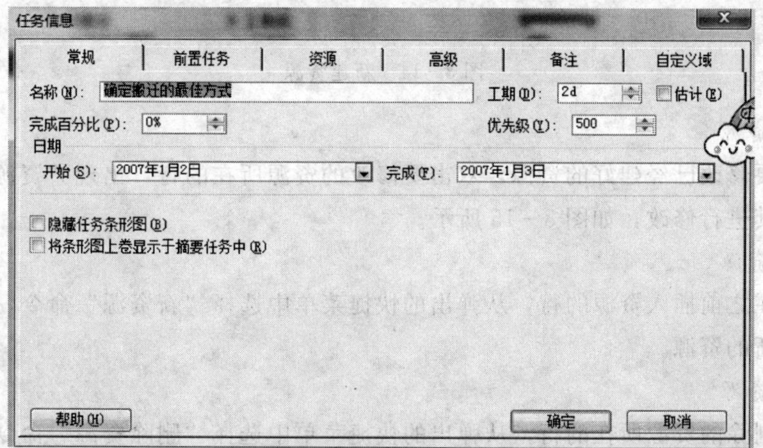

图 3-13 修改任务

3. 插入任务

右击要在之前插入任务的行，从弹出的快捷菜单中选择“新任务”命令，即可在该任务之前插入新的任务。

4. 删除任务

右击要删除任务所在的行，从弹出的快捷菜单中选择“删除任务”命令，即可完成对该任务的删除操作。

3.3.2 资源操作

Project 2007 中的资源分为以下 3 种。

(1)“工时”资源：是执行工时以完成任务的人员和设备资源，要消耗时间（工时或工作日）来完成任务，如人员和设备。

(2)“材料”资源：是为了完成项目中的任务而使用的供应品或其他可消耗品，如钢材、土料或混凝土等耗材。

(3)“成本”资源：是以跟踪不依赖于工时数量或任务工期的预算项，如差旅费成本等。

1. 新建资源

在资源工作表的“资源名称”域中可以直接输入资源内容，按 Enter 键确认，并在“类型”域中选择资源类型，如图 3－14 所示。

	ⓘ	资源名称	类型	材料标签	缩写	组	最大单位	标准费率	加班费率
1		李丽	工时		李		100%	¥0.00/工时	¥0.00/工

图 3－14 新建资源

2. 修改资源

如果需要修改已经建好的资源，双击要修改的资源所在的行，出现“资源信息”对话框，可以对其进行修改，如图 3－15 所示。

3. 插入资源

右击要在之前插入资源的行，从弹出的快捷菜单中选择“新资源”命令，即可在该资源之前插入新的资源。

4. 删除资源

右击要删除的资源所在的行，从弹出的快捷菜单中选择“删除资源”命令，单击删除即可。

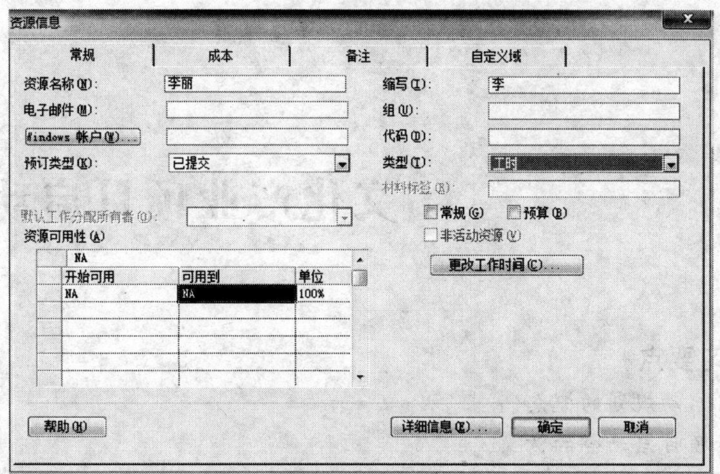

图 3-15 “修改资源”对话框

课后思考题

1. 熟悉 Project 2007 的操作界面。
2. 熟练运用 Project 2007 的菜单、工具、视图等。
3. 熟练掌握 Project 2007 的任务操作与资源操作等基本操作。

第4章 文化产业项目启动与创建

本章学习要点：

理解项目启动规划的概念。

了解召开项目启动会的意义。

熟练掌握 Project 2007 项目创建的方式。

本章先介绍文化产业项目启动的相关知识，然后利用 Project 2007 完成项目的创建工作。

4.1 项目启动规划

在文化产业项目启动之前，需要制定相关的项目规划和计划。所谓的项目规划，就是根据项目的目标，策划并安排在项目中从事哪些活动，运用哪些资源，拟定执行程序，以完成项目的目标。

4.1.1 项目简介

为了方便本书内容的开展，先介绍一个项目案例以供后面的项目实践所用。

某文化产业企业准备规划一个“城市一日游”的文化旅游项目，为了更好、更快地推向市场，该企业成立了一个项目工作小组，负责筹划和设计该旅游产品的宣传和进入市场等事项。并设立了项目管理办公室（PMO），任命小李为该项目的项目经理。在工作开始之前，项目经理与有关部门沟通，制定了一份详细的书面计划，并报请上级部门批准。计划书如表 4-1 所示。

表 4-1　某文化企业项目计划书

序号	任务名称	工期（天）	开始时间（年-月-日）	前置任务
1	准备阶段	15	2013-03-01	
2	内部专家评估	5	2013-03-01	
3	市场调研与分析	10	2013-03-01	
4	举行项目筹备会	2	2013-03-11	2，3
5	征求意见	3	2013-03-13	4
6	企划阶段	20	2013-03-16	

续表

序号	任务名称	工期（天）	开始时间（年-月-日）	前置任务
7	Swot 分析	5	2013-03-16	
8	市场预测	5	2013-03-21	7
9	产品目标	3	2013-03-26	8
10	定位策略	3	2013-03-29	9
11	目标市场	2	2013-04-01	10
12	市场营销组合	5	2013-04-02	
13	服务策略	3	2013-04-02	
14	开发阶段	30	2013-04-10	
15	文化资源组合	20	2013-04-10	
16	路线开发	10	2013-04-30	15
17	服务商选择	10	2013-04-30	15
18	投放阶段	20	2013-05-15	
19	制作上市日程	5	2013-05-15	
20	规划宣传活动	5	2013-05-20	19
21	整理嘉宾名录	3	2013-05-20	19
22	公共关系	20	2013-05-15	
23	验收阶段	30	2013-06-10	
24	财务总结	15	2013-06-10	
25	市场调查与反馈	25	2013-06-10	
26	总结会	3	2013-07-05	24，25

4.1.2 召开项目启动会

当前文化产业项目发展迅猛，各式各样的文化产业项目如火如荼地在全国范围内开展起来。

文化产业项目是一个复杂的工程。要完成这么一个复杂的工程，需要凝聚大家的力量。召开项目启动大会一方面可以动员大家，另一方面则可以让员工享有充分的知情权并发挥集体智慧对项目进行各种各样的支持。

项目启动大会以后，意味着项目组要开始完成 Project 格式的各种项目计划，包括项目进度计划、资源计划、费用计划等。

4.1.3 项目规划

项目规划是一个复杂的工作，在其中我们要采取一定的合理的步骤逐步完成，最后编写出项目的计划书。

如上面的例子，我们首先需要了解客户的需求，然后要寻找和选拔该项目的主要成员，通过调研和讨论建立合适的项目目标，设置适当的标准，拟定工作范围，安排好逻辑工作程序，编排好工作进度以及项目预算等。

完成以上的步骤后，由项目经理负责编写出项目计划书。经审定或通过后，开始全面执行项目工作实践。

项目计划书因行业或企业性质不同而有不同，针对文化产业项目的特征，我们列出其内容格式，可供参考。

（1）封面。一般包括项目名称、编号、项目经理、执行单位、期间和日期等。

（2）摘要。项目书要精简概要，字数一般在400字左右。内容应包含项目目标、使用方法与程序、经费需求、人力配置和预期收益等。

（3）背景和目的。说明该项目目前的国内外状况以及项目应达到的目的。

（4）实施方法。说明该项目进行的程序、采用的方法等。

（5）预期收益。说明项目完成后，未来可能获取的收益或成果。

（6）计划进度。说明项目执行的起止日期和检查点。

（7）预算。包括经常性支出：差旅费、材料费、维护费、业务费、行政管理费等；资本支出：所需购置的房地产及建筑、机械设备、信息、版权等。

（8）参考文献。详细而准确地列出项目计划书所引用内容的全部文献出处。

（9）附录。需要说明但又不适合放入正文的内容放入附录。

4.2 项目的创建

项目创建之前必须先对项目进行详细的定义，然后在 Project 2007 中采用适当的方式创建项目文件。

4.2.1 项目定义

项目定义就是要决定所有的项目目标和任务的组合，要明确项目假设及其限制条件等。

1. 决定项目目标

项目目标一定要明确，主要包括以下几项内容：实际的可测量的结果、最终完成和里程碑事件的到期日期、交付项目的特定质量标准以及不能超过的成本限制等。

2. 明确项目假设

在项目计划阶段，有许多不可确定的因素，我们需要明确这些因素，以便更好地完成项目实施。主要包括以下几项内容：资源可用性和使用方式、任务工期、项目成本、可用时间、待交付的项目等。

3. 说明项目限制

一般来说，项目有三种限制，即日程限制、资源限制和范围限制。

4.2.2 利用可以参照的模板创建项目文件

为了提高项目创建效率，可以利用 Project 2007 提供的模板帮助完成。这时，我们要做的就是选择与项目相似或匹配的模板，然后做适当的修改。

Project 2007 中的模板来源有以下几种。

1. Project 中的模板

打开 Project 2007，选择“文件”→“新建”命令，显示出如图 4-1 所示的界面。

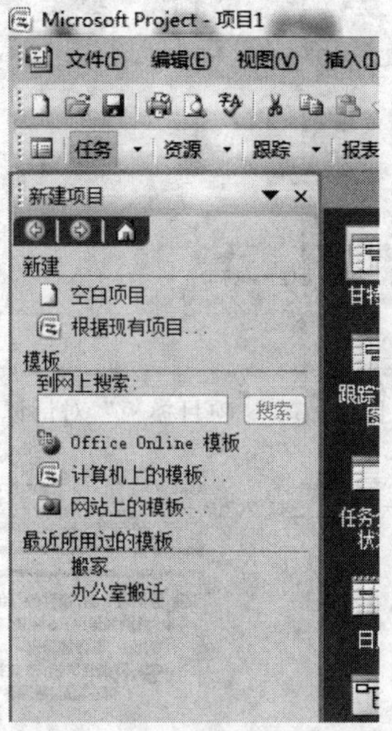

图 4-1 新建项目界面

单击图 4-1 中的“计算机上的模板”链接，将显示如图 4-2 所示的对话框。常用模板选项卡中放置的是由用户自己生成的模板文件。

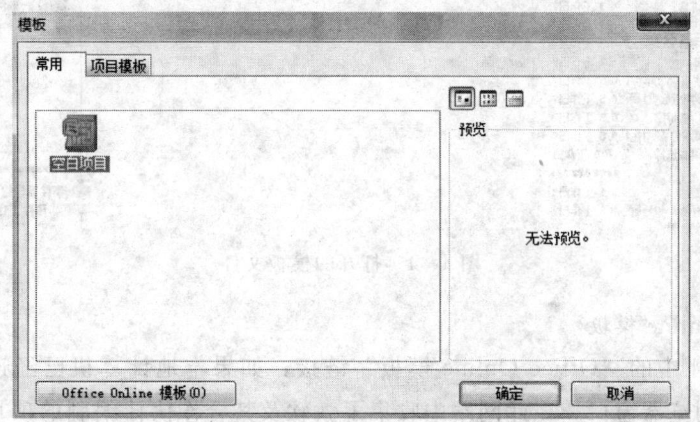

图 4-2 “常用”模板对话框

单击图 4-2 中的“项目模板”选项卡，将出现如图 4-3 所示的对话框。在此对话框中，将出现各种由 Project 2007 系统提供的项目模板，我们可以按要求选择合适的模板。

比如，某文化产业相关企业要进行市场策划和营销，就可以选择图 4-3 中的“策划和执行营销事件”模板，打开图 4-4。

用户打开模板文件后，可以通过“文件”→“另存为”来更改成自己需要的文件名，然后进行相关的修改，以符合项目需要。

图 4-3 "项目模板"对话框

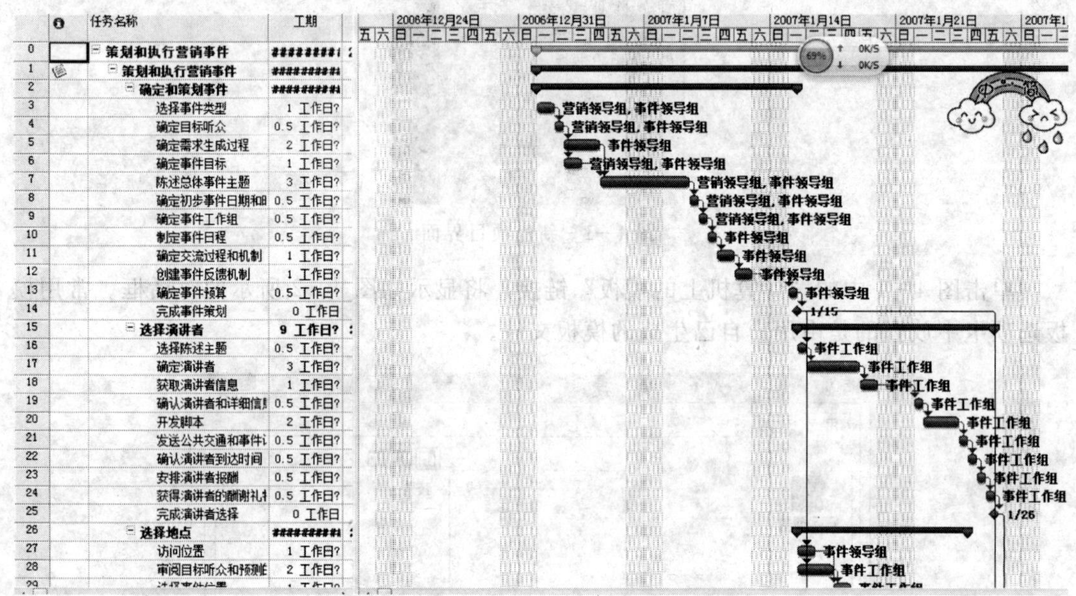

图 4-4 打开的模板文件

2. Office Online 模板

单击图 4-1 中的"Office Online 模板"链接，如果本地计算机已经连接互联网，会显示一个新的浏览器窗口。在此网站中收集了微软及其合作伙伴编制的项目计划模板，登录后还可以进行有效的搜索，如图 4-5 所示。

另外，如果在以上两种模板类型中没有可以选择的项目模板作为参照，也可以利用现有的用户模板作为参考。

4.2.3 利用"项目向导"创建项目

如果没有可以借鉴的模板，也没有现成的文档，可以通过"项目向导"功能更加有效地创建项目。

图 4－5 Office Online 网站

利用项目向导创建项目，包括定义项目、定义常规工作时间、列出项目中的任务、将任务分成阶段、排定任务日程等，如图 4－6 所示。

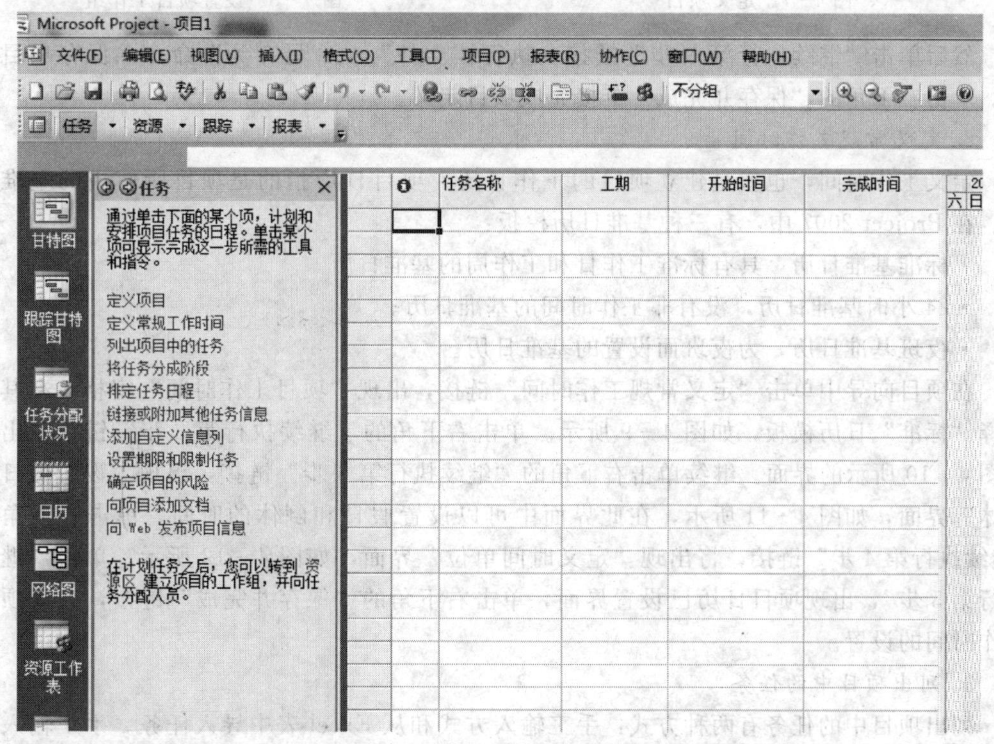

图 4－6 项目向导初始界面

1. 定义项目

单击项目向导中的"定义项目"链接，出现"定义项目"窗格，如图 4-7 所示。

在图 4-7 中修改成需要的项目开始日期，然后单击该窗格右下角的"继续执行第 2 步"链接，会出现"项目工作组"页面，在其中选择是否将创建的项目直接保存在 Project Server 中。如果当前不希望发布该项目信息或者没有安装 Project Server，则选择"否"单选框；反之，选择"是"单选框，如图 4-8 所示。

图 4-7 定义项目

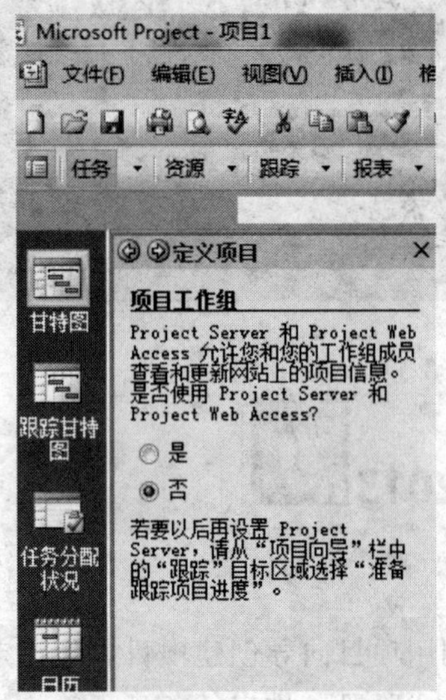

图 4-8 设置项目工作组

然后单击"继续执行第 3 步"链接，执行"文件"→"另存为"命令，保存项目文件。单击右下角的"保存并完成"链接完成项目定义。

2. 定义常规工作时间

定义工作时间，也就是建立项目的工作日历。项目日历指的是项目所使用的基准日历。在 Project 2007 中，有三种基准日历模板：

·标准基准日历，具有标准工作日和工作周的基准日历。

·24 小时基准日历，没有非工作时间的基准日历。

·夜班基准日历，为夜班而设置的基准日历。

在项目向导中单击"定义常规工作时间"链接，出现"项目工作时间"窗格，在其中选择"标准"日历模板，如图 4-9 所示。单击右下角的"继续执行第 2 步"链接，出现如图 4-10 所示的界面。继续单击右下角的"继续执行第 3 步"链接，出现"设置假日和倒休"界面，如图 4-11 所示，在此界面中可以设置假日和倒休的时间。单击右下角的"继续执行第 4 步"链接，将出现"定义时间单位"界面，如图 4-12 所示。单击"继续执行第 5 步"，出现项目日历已设置界面，单击右下角的"保存并完成"链接，完成项目工作时间的设置。

3. 列出项目中的任务

列出项目中的任务有两种方式：手工输入方式和从 Excel 表中导入任务。手工输入不必介绍，下面介绍从 Excel 导入这种方式。

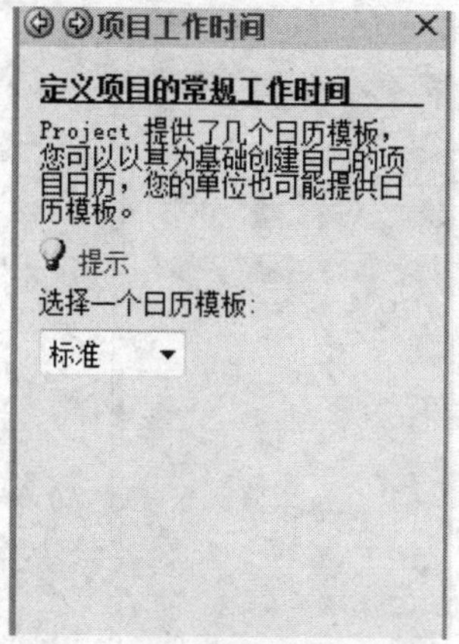

图 4-9　选择日历模板

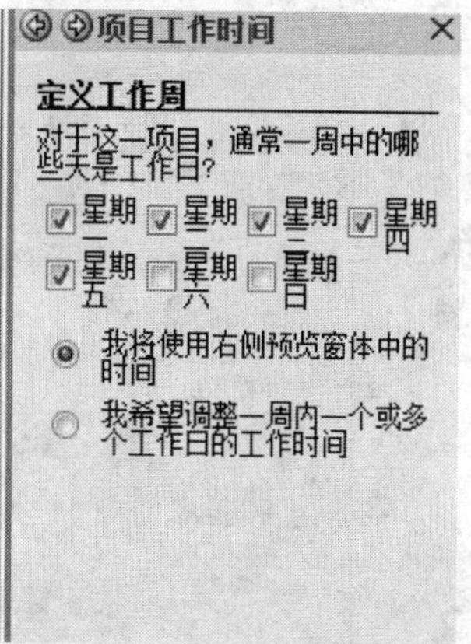

图 4-10　定义工作周

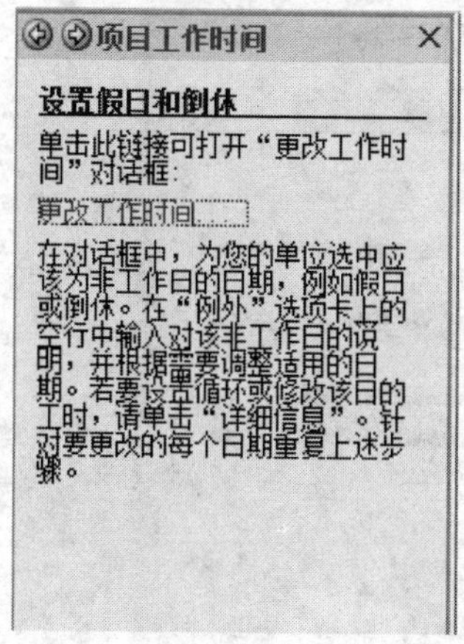

图 4-11　设置假日和倒休

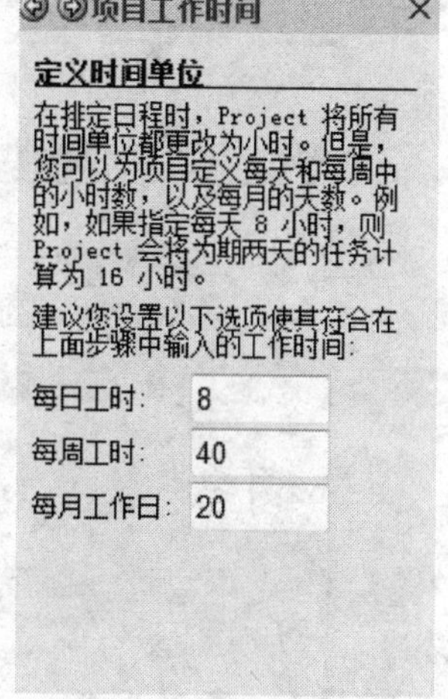

图 4-12　定义时间单位

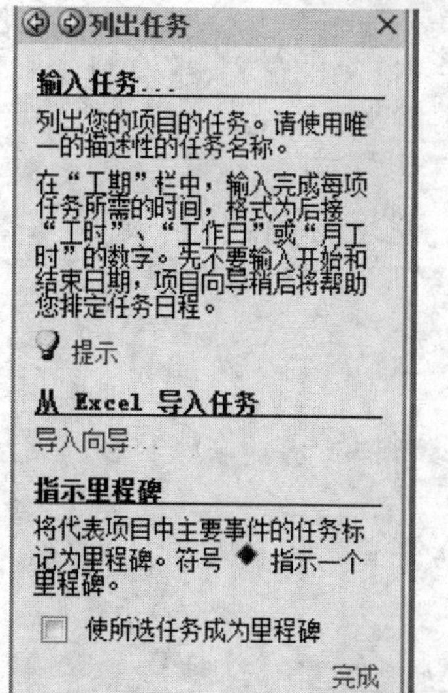

图 4-13　列出任务

在项目向导中单击“列出项目中的任务”链接，出现“列出任务”窗格。在其中单击“从 Excel 导入任务”下面的“导入向导”链接，如图 4-13 所示。此时会自动启动导入向导，出现“打开”对话框，如图 4-14 所示，在其中选择以前以 Excel 格式保存的项目计划文件。

单击图 4-14 中的“打开”按钮，首先出现一个欢迎界面，单击“下一步”按钮，出现“导入向导—映射”对话框，如图 4-15 所示。

图 4-15 中有“新建映射”和“使用现有映射”两个单选框，如果第一次使用该向导，则选择“新建映射”单选框。单击“下一步”按钮，弹出“导入向导—导入模式”对话框，如图 4-16 所示。

在导入模式中，选择将“数据并入活动项目”单选按钮，单击“下一步”按钮，弹出“导入向导—映射选项”对话框，如图 4 - 17 所示。

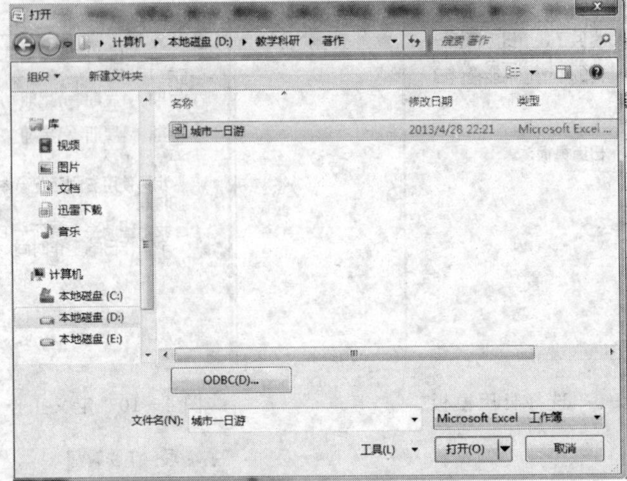

图 4 - 14　打开 Excel 文件

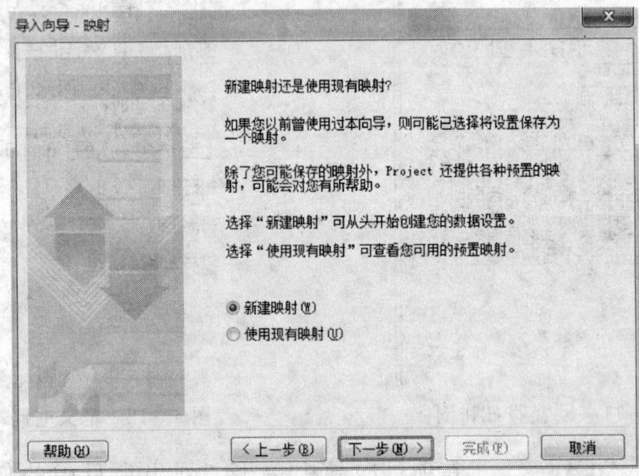

图 4 - 15　“导入向导—映射”对话框

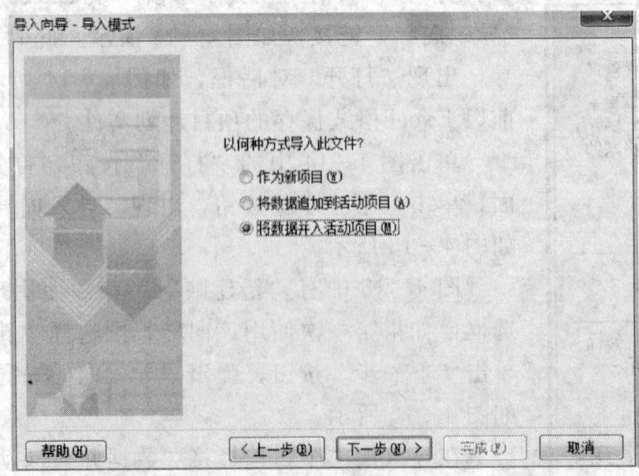

图 4 - 16　“导入向导—导入模式”对话框

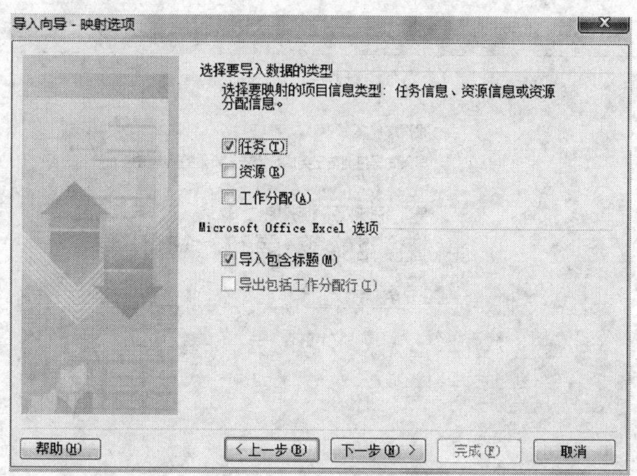

图 4－17　“导入向导—映射选择”对话框

选中“任务”复选框，单击“下一步”按钮，弹出“导入向导—任务映射”对话框，如图 4－18 所示。

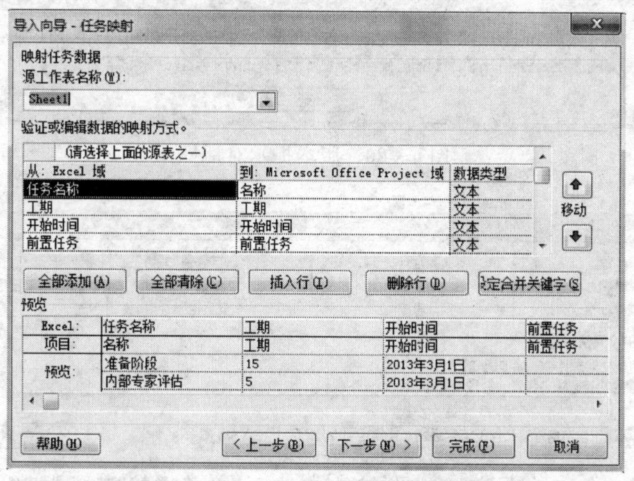

图 4－18　“导入向导—任务映射”对话框

选择从“Excel 域”中的任务名称，单击“设定合并关键字”按钮，将其设为关键字，单击“下一步”按钮，弹出“导入向导—结束映射定义”对话框，如图 4－19 所示。

如果 Excel 文件版本低于 Excel 2007，在单击图 4－19 中的“完成”按钮时，会弹出一个提示对话框，如图 4－20 所示。

此时需要执行“工具”→“选项”命令，打开后，切换到“安全性”选项卡，如图 4－21所示，在其中选择“旧式格式”下面的后两个单选框之一就可。

4. 将任务分成阶段

将任务分成阶段就是按照计划的结构组织任务，以结构化的方式进行任务分配。

在项目向导中单击“将任务分成阶段”链接，将出现“组织任务”窗格，在其中可以将相关任务并入其所属的摘要任务中去，如图 4－22 所示。

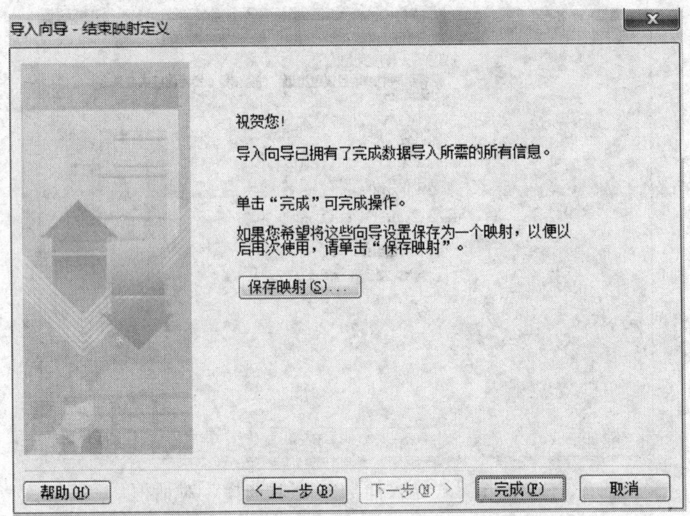

图 4－19　“导入向导—结束映射定义”对话框

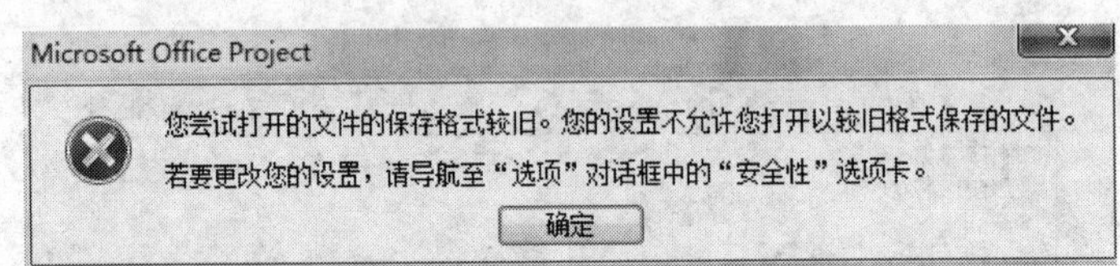

图 4－20　版本提示对话框

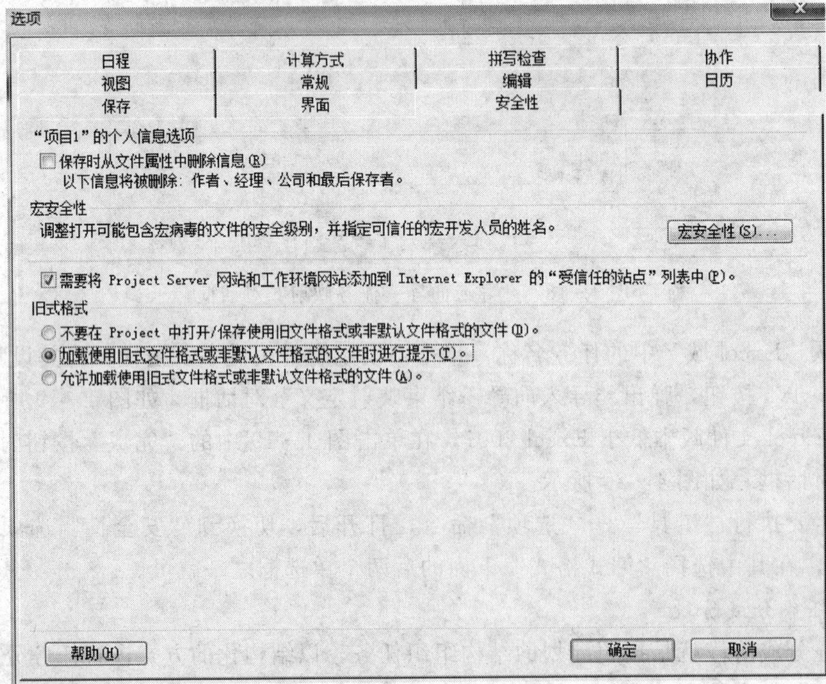

图 4－21　允许打开旧式文件

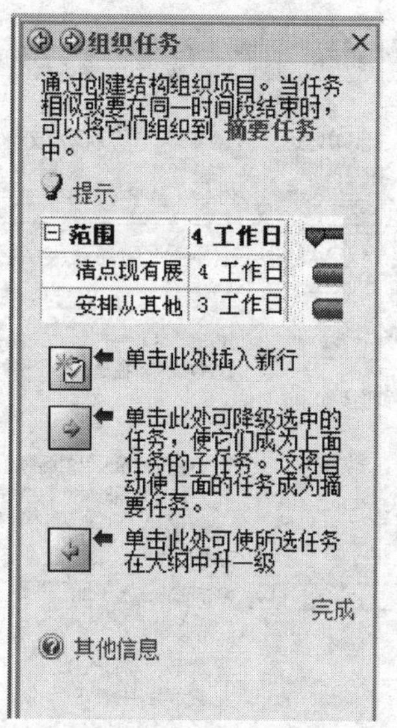

图 4-22　组织任务

我们可以根据图 4-22 中的箭头说明给任务升降级，从而让任务分成不同的层次。比如把案例中的内部专家评估及以下的 3 个任务作为准备阶段的子任务，可以先选中这 4 个任务，然后单击“降级”箭头即可，如图 4-23 所示。

	任务名称	工期	开始时间	完成时间
1	准备阶段	15 工作日	2013年3月1日	2013年3月21日
2	内部专家评(	5 工作日	2013年3月1日	2013年3月7日
3	市场调研与:	10 工作日	2013年3月1日	2013年3月14日
4	举行项目筹	2 工作日	2013年3月15日	2013年3月18日
5	征求意见	3 工作日	2013年3月19日	2013年3月21日
6	企划阶段	20 工作日	2013年3月18日	2013年4月12日
7	Swot分析	5 工作日	2013年3月18日	2013年3月22日
8	市场预测	5 工作日	2013年3月25日	2013年3月29日
9	产品目标	3 工作日	2013年4月1日	2013年4月3日
10	定位策略	3 工作日	2013年4月4日	2013年4月8日
11	目标市场	2 工作日	2013年4月9日	2013年4月10日
12	市场营销组合	5 工作日	2013年4月2日	2013年4月8日
13	服务策略	3 工作日	2013年4月2日	2013年4月4日
14	开发阶段	30 工作日	2013年4月10日	2013年5月21日
15	文化资源组合	20 工作日	2013年4月10日	2013年5月7日
16	路线开发	10 工作日	2013年5月8日	2013年5月21日
17	服务商选择	10 工作日	2013年5月8日	2013年5月21日

图 4-23　降级任务

利用降级任务，依次可以把案例任务分成若干阶段。如果需要让任务升级，则只需选中这些任务，单击“升级”箭头即可。

为了能够更加直观明白地看到项目的整体情况，我们可以在所有任务的最前面显示项目摘要任务，其标识号为 0。此时选择“工具”→“选项”命令，在打开的界面中选择“视图”选项卡，选择“显示项目摘要任务”复选框，单击“确定按钮”即可，如图4-24所示。

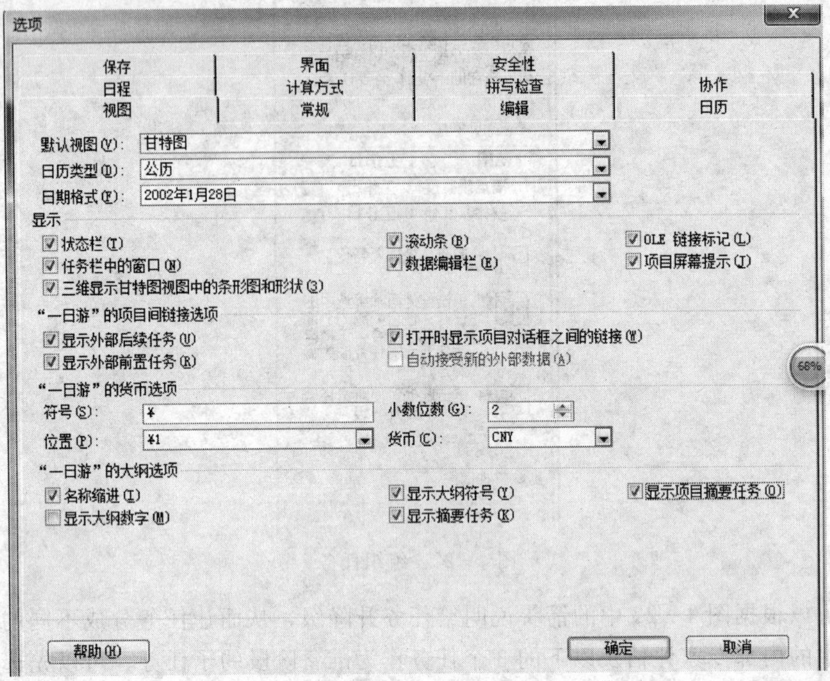

图 4-24　显示项目摘要任务

至此，我们就基本创建了一个项目计划，但这只是最基本的，还有许多内容需要添加，还有许多复杂操作需要执行，这些在以后的学习中会涉及。

4.2.4　从空白模板开始创建项目

此创建方式比较简单，但需要更多的数据输入工作，比前两种稍微费些功夫。

1. 保存项目文件

打开 Project 2007，新建一个空白项目后，选择“文件”→“保存”命令，根据案例将此项目文件保存为“城市一日游项目”，如图 4-25 所示。

2. 设置项目日程排定方式

执行“项目”→“项目信息”命令，将出现“项目信息”对话框，如图 4-26 所示。

找到“回程排定方法”选项。在 Project 2007 中，日程排定方法有两种，一是“从项目开始之日起”，按照从前往后的顺序推算出项目的“完成日期”；二是“从项目完成之日起”，从后向前推出项目的“开始日期”。

3. 设置项目的开始或完成日期

在图 4-26 中找到“开始日期”或“完成日期”选项，在其中确定项目的开始或完成日期。

4. 设置项目文件的默认环境信息

（1）“日程”选项卡设置。首次使用 Project 2007 的用户，当改变资源的数量时，任务的工期也随之自动发生变化。为了防止此现象发生，在开始使用 Project 2007 之前需要设置此环境信息。选择“工具”→“选项”命令，出现“选项”对话框，打开“日程”选

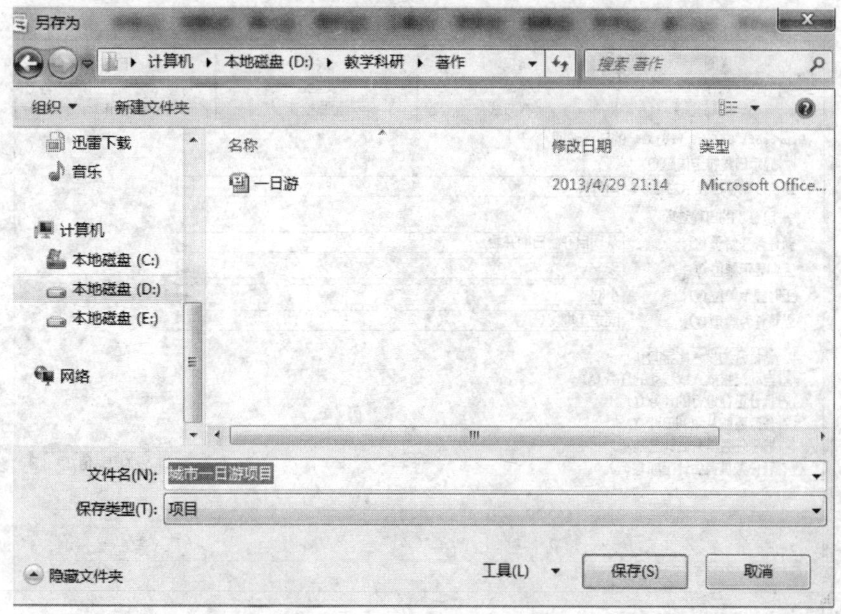

图 4－25　保存项目文件

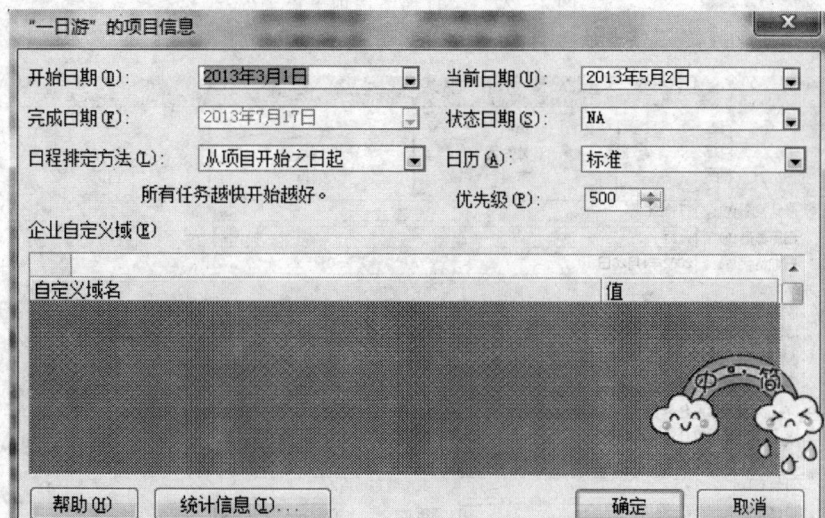

图 4－26　“项目信息”对话框

项卡，如图 4－27 所示。在其中，找到默认任务类型，将其设为“固定工期”，并且不选择“新任务为投入比导向”复选框。如此设定后，资源数量的增减不会再导致工期的自动变化。

（2）“视图”选项卡设置。在“选项”对话框中，打开“视图”选项卡，如图 4－28 所示。在其中选中“显示项目摘要任务”和“显示大纲数字”两个复选框。确定后，将在任务列表中显示信息摘要信息以及大纲数字，如图 4－29 所示。

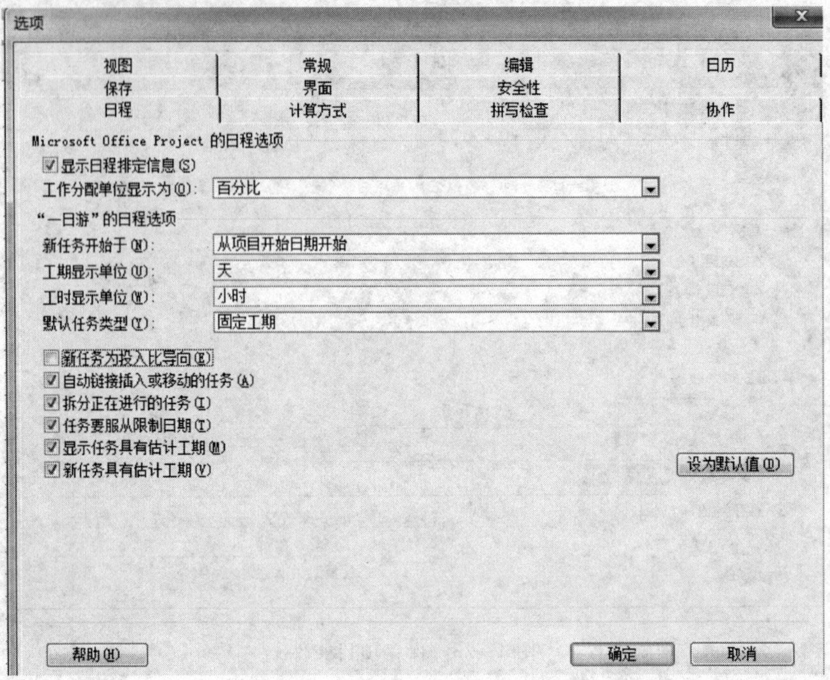

图 4－27 “日程”选项卡设置

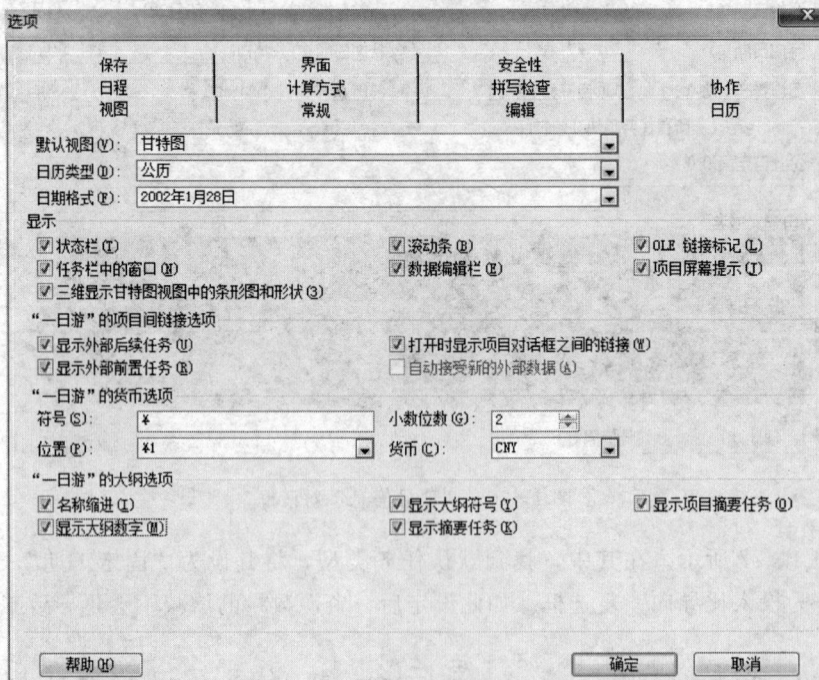

选项
保存 界面 安全性
日程 计算方式 拼写检查 协作
视图 常规 编辑 日历
默认视图(V): 甘特图
日历类型(D): 公历
日期格式(F): 2002年1月28日
显示
状态栏(T) 滚动条(B) OLE 链接标记(L)
任务栏中的窗口(W) 数据编辑栏(E) 项目屏幕提示(T)
三维显示甘特图视图中的条形图和形状(3)
“一日游”的项目间链接选项
显示外部后续任务(U) 打开时显示项目对话框之间的链接(W)
显示外部前置任务(R) 自动接受新的外部数据(A)
“一日游”的货币选项
符号(S): ¥ 小数位数(G): 2
位置(P): ¥1 货币(C): CNY
“一日游”的大纲选项
名称缩进(I) 显示大纲符号(Y) 显示项目摘要任务(O)
显示大纲数字(M) 显示摘要任务(K)
帮助(H) 确定 取消

图 4－28 视图选项卡设置

		任务名称	工期	开始时间
0		⊟ **一日游**	**99 工作日**	**2013年3月1日**
1		⊟ **1 准备阶段**	**15 工作日**	**2013年3月1日**
2	▦	1.1 内部专家评估	5 工作日	2013年3月1日
3	▦	1.2 市场调研与分析	10 工作日	2013年3月1日
4	▦	1.3 举行项目筹备会	2 工作日	2013年3月15日
5	▦	1.4 征求意见	3 工作日	2013年3月19日
6		⊟ **2 企划阶段**	**18 工作日**	**2013年3月18日**
7	▦	2.1 Swot分析	5 工作日	2013年3月18日
8	▦	2.2 市场预测	5 工作日	2013年3月25日
9	▦	2.3 产品目标	3 工作日	2013年4月1日

图 4-29　项目摘要任务及大纲显示

课后思考题

1. 找到一个现实的文化产业项目管理案例，并明确各项任务的名称、任务的开始和完成时间、任务的前置任务或任务之间的关联、任务的工期等。制作成 Excel 文件。

2. 练习利用“项目向导”创建项目。

第 5 章
项目进度计划编制与管理

本章学习要点：

熟悉日历设置的过程与方法。

熟练任务输入与工期设定。

理解并掌握任务的类型及其关联性。

学会利用 WBS 域。

掌握 PERT 分析。

在上一章中，我们启动和创建了文化产业项目“某城市一日游”，本章将继续实践该项目的进度计划。在 Project 2007 中，进度计划管理主要包括任务和工期管理。

5.1 日历设置

我们进行进度管理时，首先需要的就是设置项目日历。项目日历就是整个项目中所有任务默认遵循的日历。

5.1.1 日历的选择与修改

Project 2007 中有三种日历：标准日历、24 小时日历和夜班日历。我们在日常工作时，往往需要选择其中的一个作为基础，然后根据需要作出相应的修改。

打开“项目向导”中的“定义项目的常规工作时间”窗格，如图 5－1 所示。

选择“标准”日历模板。此模板的默认工作时间是从周一到周五，每天 8:00～12:00、13:00～17:00。单击“继续执行第 2 步”链接将出现“定义工作周”界面，如图5－2所示，在图中可以根据需要进行调整。

单击“继续执行第 3 步链接”，将出现“设置假日和倒休”界面，从中可以更改个别日期的工作时间，如图 5－3 所示。

单击“更改工作时间”链接，将出现“更改工作时间”对话框。在“例外日期”选项卡的“名称”域中输入例外日期的名称，如“五一”或“清明”，并设置开始时间和完成时间，如图 5－4 所示。

如果还要设置该例外日期的详细信息，直接单击“详细信息”按钮，将显示“详细信息”对话框，在其中可以输入、查看或更改基准日历或资源日历的工作时间和工作日，并能在选定的日历中设置工作日和工作时间的重复发生方式，如图 5－5 所示。

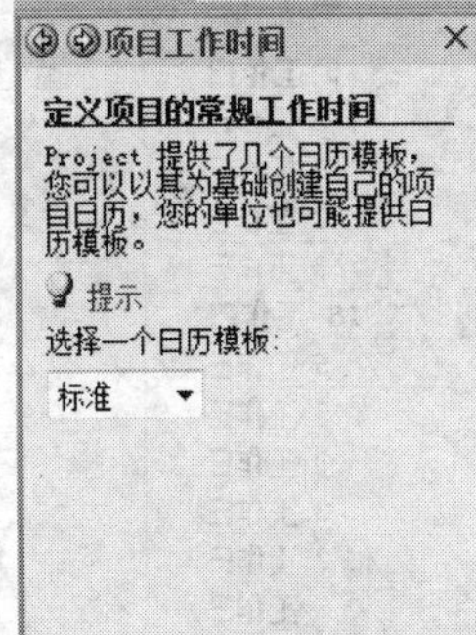

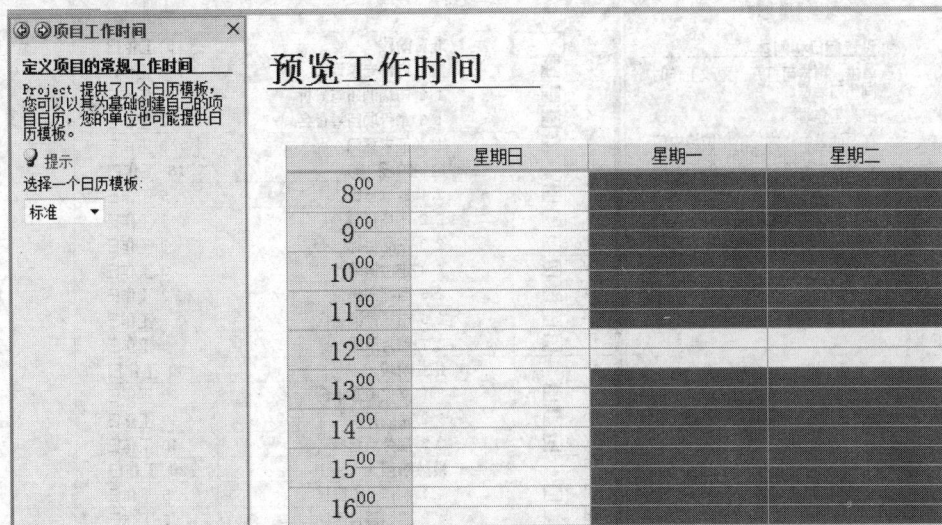

图 5-1　选择标准日历模板

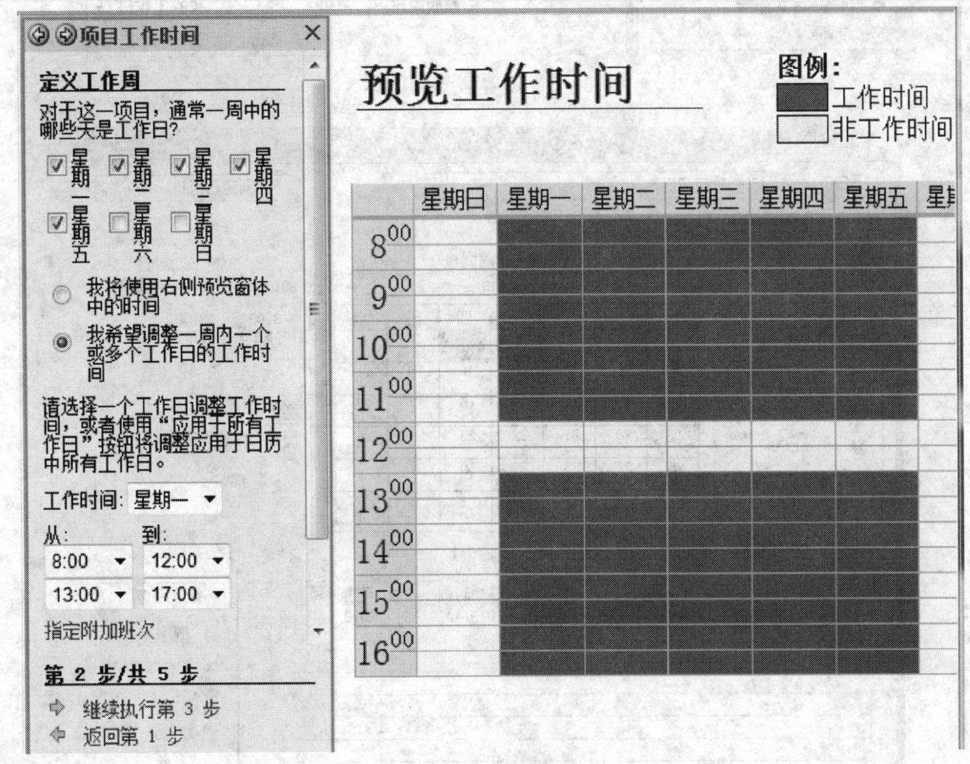

图 5-2　选择工作日

单击“确定”按钮，即确认例外日期设置。返回项目向导，单击“继续执行第 4 步”链接，将出现“定义时间单位”界面，如图 5-6 所示。

在其中可以设置每日工时、每周工时和每月工作日。设置完成后，单击“继续执行第 5 步”链接，将出现“项目日历已设置”界面，再单击“保存并完成”按钮即可。

项目工作时间

设置假日和倒休

单击此链接可打开“更改工作时间”对话框：

更改工作时间...

在对话框中，为您的单位选中应该为非工作日的日期，例如假日或倒休。在“例外”选项卡上的空行中输入对该非工作日的说明，并根据需要调整适用的日期。若要设置循环或修改该日的工时，请单击“详细信息”。针对要更改的每个日期重复上述步骤。

第 3 步/共 5 步

继续执行第 4 步

返回第 2 步

	任务名称	工期
1	**1 准备阶段**	**15 工作日**
2	1.1 内部专家评估	5 工作日
3	1.2 市场调研与分析	10 工作日
4	1.3 举行项目筹备会	2 工作日
5	1.4 征求意见	3 工作日
6	**2 企划阶段**	**18 工作日**
7	2.1 Swot分析	5 工作日
8	2.2 市场预测	5 工作日
9	2.3 产品目标	3 工作日
10	2.4 定位策略	3 工作日
11	2.5 目标市场	2 工作日
12	2.6 市场营销组合	5 工作日
13	2.7 服务策略	3 工作日
14	**3 开发阶段**	**30 工作日**
15	3.1 文化资源组合	20 工作日
16	3.2 路线开发	10 工作日
17	3.3 服务商选择	10 工作日
18	**4 投放阶段**	**20 工作日**
19	4.1 制作上市日程	5 工作日
20	4.2 规划宣传活动	5 工作日
21	4.3 整理嘉宾名录	3 工作日
22	4.4 公共关系	20 工作日
23	**5 验收阶段**	**28 工作日**

图 5-3　设置假日和倒休

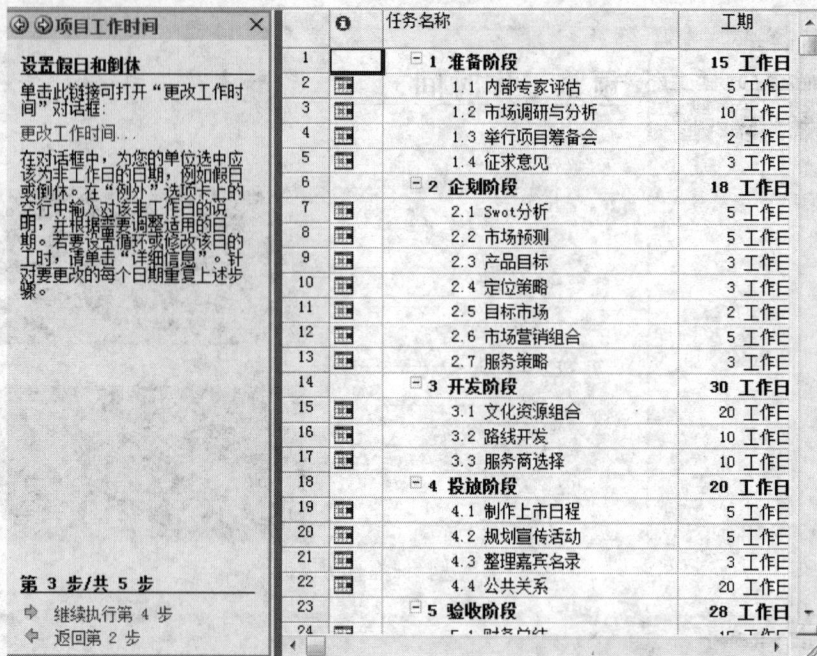

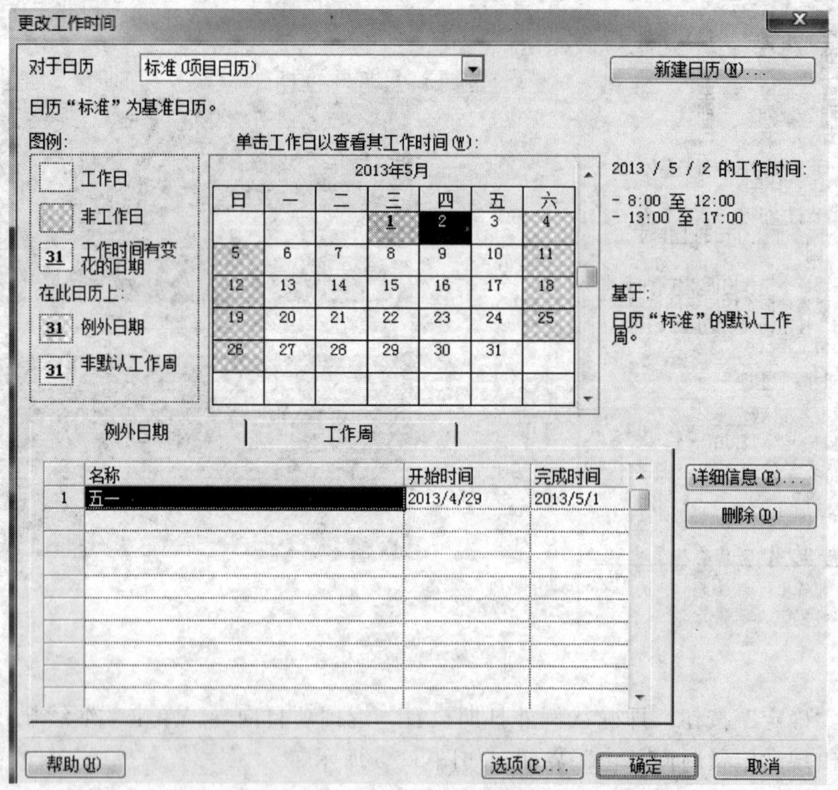

图 5-4　设置例外日期

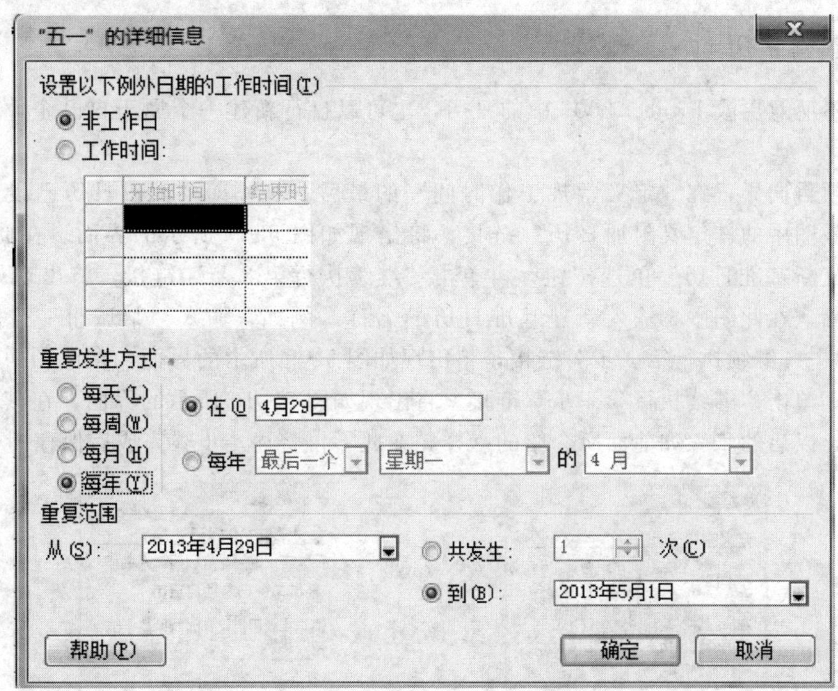

图 5－5 设置例外日期的详细信息

项目工作时间

定义时间单位

在排定日程时，Project 将所有时间单位都更改为小时。但是，您可以为项目定义每天和每周中的小时数，以及每月的天数。例如，如果指定每天 8 小时，则 Project 会将为期两天的任务计算为 16 小时。

建议您设置以下选项使其符合在上面步骤中输入的工作时间:

每日工时: 8

每周工时: 40

每月工作日: 20

第 4 步/共 5 步

继续执行第 5 步

	任务名称	工期
1	**1 准备阶段**	**15 工作日**
2	1.1 内部专家评估	5 工作E
3	1.2 市场调研与分析	10 工作E
4	1.3 举行项目筹备会	2 工作E
5	1.4 征求意见	3 工作E
6	**2 企划阶段**	**18 工作日**
7	2.1 Swot分析	5 工作E
8	2.2 市场预测	5 工作E
9	2.3 产品目标	3 工作E
10	2.4 定位策略	3 工作E
11	2.5 目标市场	2 工作E
12	2.6 市场营销组合	5 工作E
13	2.7 服务策略	3 工作E
14	**3 开发阶段**	**30 工作日**
15	3.1 文化资源组合	20 工作E
16	3.2 路线开发	10 工作E
17	3.3 服务商选择	10 工作E
18	**4 投放阶段**	**20 工作日**
19	4.1 制作上市日程	5 工作E
20	4.2 规划宣传活动	5 工作E
21	4.3 整理嘉宾名录	3 工作E
22	4.4 公共关系	20 工作E
23	**5 验收阶段**	**28 工作日**

图 5－6 定义时间单位

另外，如果觉得以上的方式太麻烦，还有一种简单的方法可以修改日历。选择"工具"→"更改工作时间"命令，在出现的"更改工作时间"对话框中，同样可以按照上述方式更改时间。方法同上，此处不再赘述。

5.1.2 新建日历

如果不愿意更改 Project 2007 中的日历，也可以自行新建一个属于自己企业或项目的日历。

利用项目向导，在“定义常规工作时间”的最后一步，即“项目日历已设置”页面中，单击该图中的“定义附加日历”链接，将出现如图 5-7 所示的界面。在此界面中，选中“定义新基准日历”单选按钮，再单击“继续执行第 2 步”链接，将出现如图 5-8 所示的界面，在此图中，输入新建基准日历的名称，例如，输入“某城市一日游项目日历”。再单击“继续执行第 3 步”链接，将出现如图 5-9 所示的界面，在此图中进行相关的设置后，单击“继续执行第 4 步”链接，将出现如图 5-10 所示的界面，在其中设置假日和倒休，以后的步骤如前面所介绍的一样，在此不再赘述。步骤完成后保存即可。

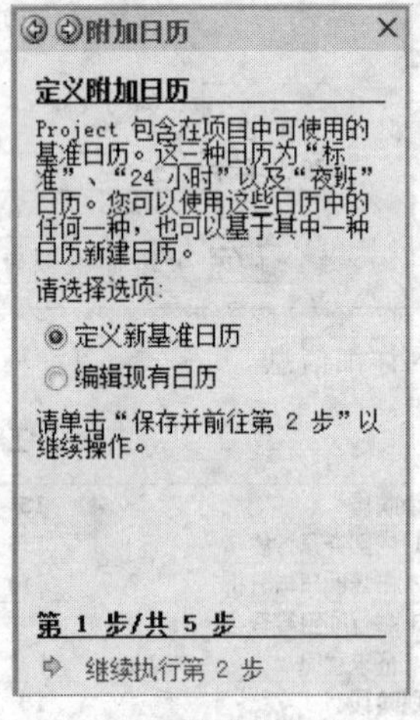

图 5-7 定义附加日历

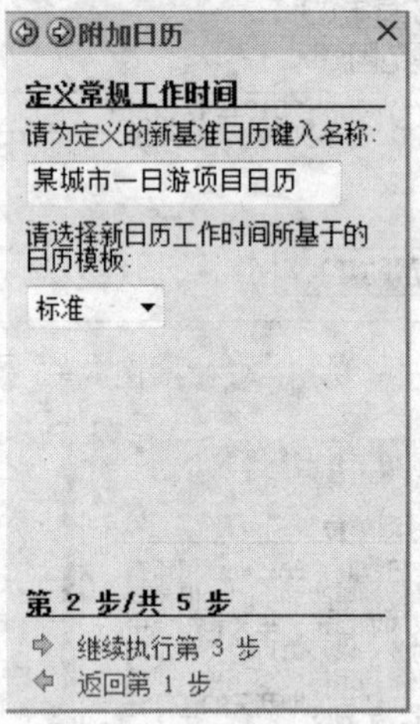

图 5-8 输入日历名称

同样，不通过项目向导，利用“工具”→“更改工作时间”命令，一样可以进行新建日历的设置。

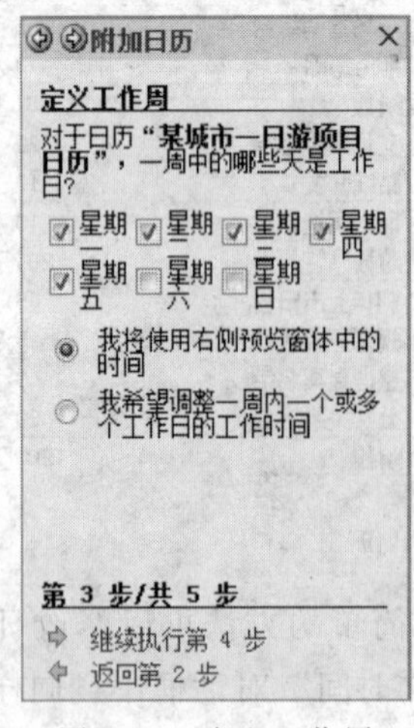

图 5-9 定义工作周

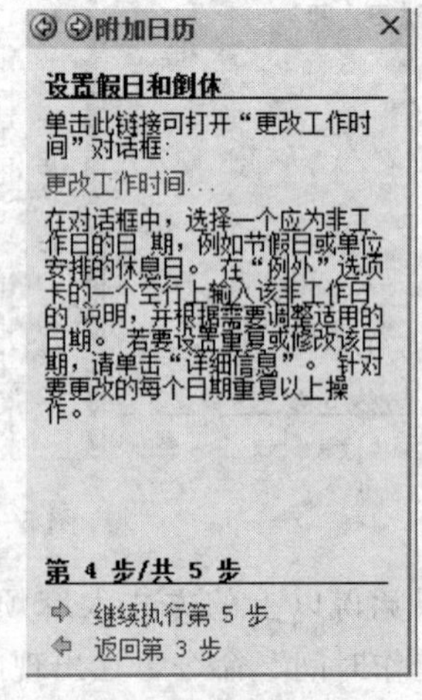

图 5-10 设置假日和倒休

5.1.3 日历的应用及其关联

我们在 Project 2007 中，通过修改和新建日历，可以生成很多不同的日历，这些不同的日历需要得到合理的应用才能满足需要，在使用过程中需要把这些日历和相应的对象进行关联。

1. 项目日历的关联

执行“项目”→“项目信息”命令，将会出现“项目信息”对话框，在“日历”列表中，选择所需要应用的日历，如“某城市一日游项目日历”。单击“确定”按钮，则当前打开的项目才会应用该选定的日历，如图 5-11 所示。

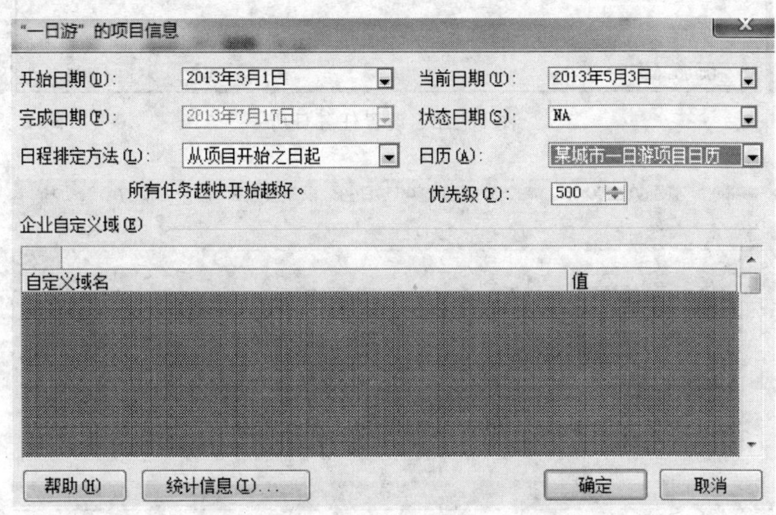

图 5-11 设置需要应用的项目日历

2. 任务日历的关联

在项目计划执行过程中，总有一些任务的日程与项目日历存在冲突。这时，我们需要给这些特殊的任务设置以特殊的日历信息。如在“五一”期间，应用项目日历后，这些日期是休息时间。但如果有特殊的原因，有些任务必须在 5 月 1 日当天进行。这时，需要对这一任务建立一个特殊日历，即“五一”加班日历，并对其进行关联。选中并双击该任务，将出现“任务信息”对话框，打开其中的“高级”选项卡，在“日历”下拉列表框中选中“五一加班日历”，单击“确定”按钮即完成关联设置，如图 5-12 所示。

3. 资源日历的关联

有些资源比较特殊，特别是有些智力资源更加特殊。现在很多机构流行使用所谓的“外脑”，就是外聘一些知名学者提供智力支持。但这些学者的工作时间一般和我们的项目日历发生冲突。所以，我们需要设定特定的资源日历以满足项目的需要。

选择“视图”→“资源工作表”命令，打开资源工作表，如图 5-13 所示。

双击“资源”选项卡，将出现“资源信息”对话框，如图 5-14 所示。

单击“更改工作时间”按钮，将弹出“更改工作时间”对话框，如图 5-15 所示。

从“基准日历”下拉列表框中选择“外聘学者日历”，确定后，即完成资源日历的设置。

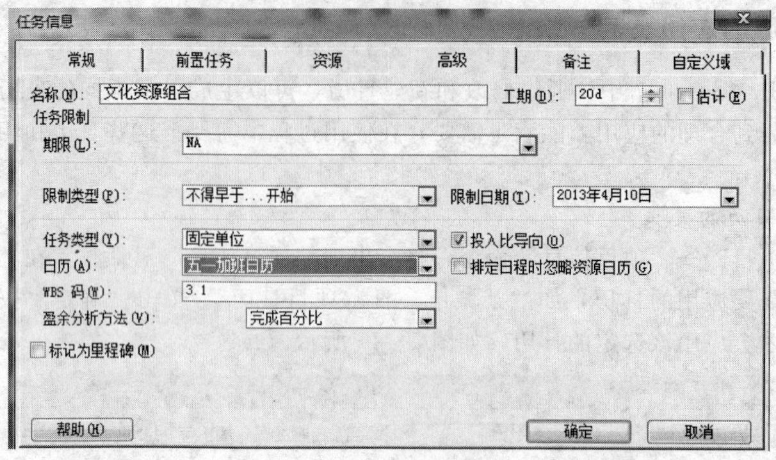

图 5－12　设置任务日历

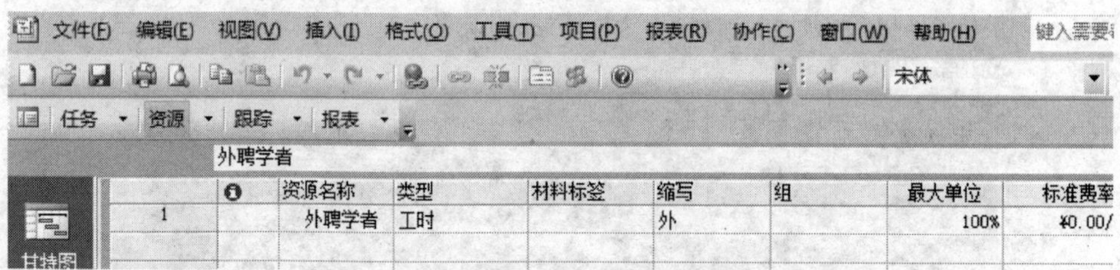

图 5－13　资源工作表

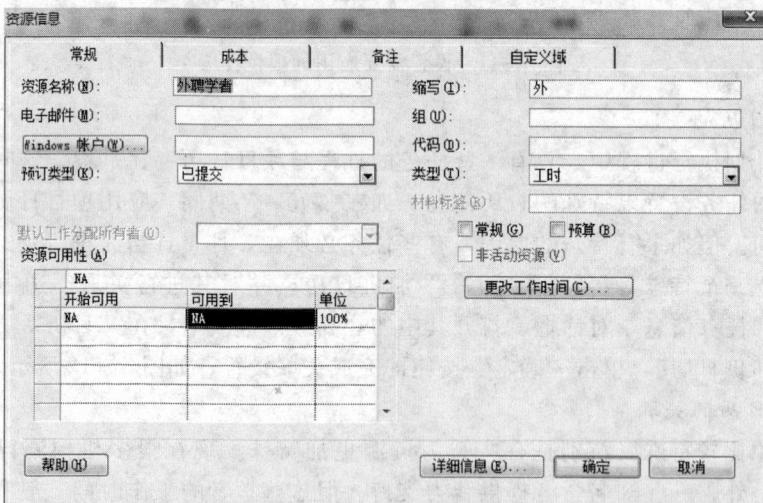

图 5－14　“资源信息”对话框

4. 日历的优先级设置

一般来说，任务安排都遵循项目日历。但当设置了任务日历和资源日历的关联后，项目日历的优先级低于任务日历和资源日历，也可以通过设置确定它们的优先级。在“甘特图”中双击可能发生日历冲突的任务，弹出如图 5－16 所示的对话框。

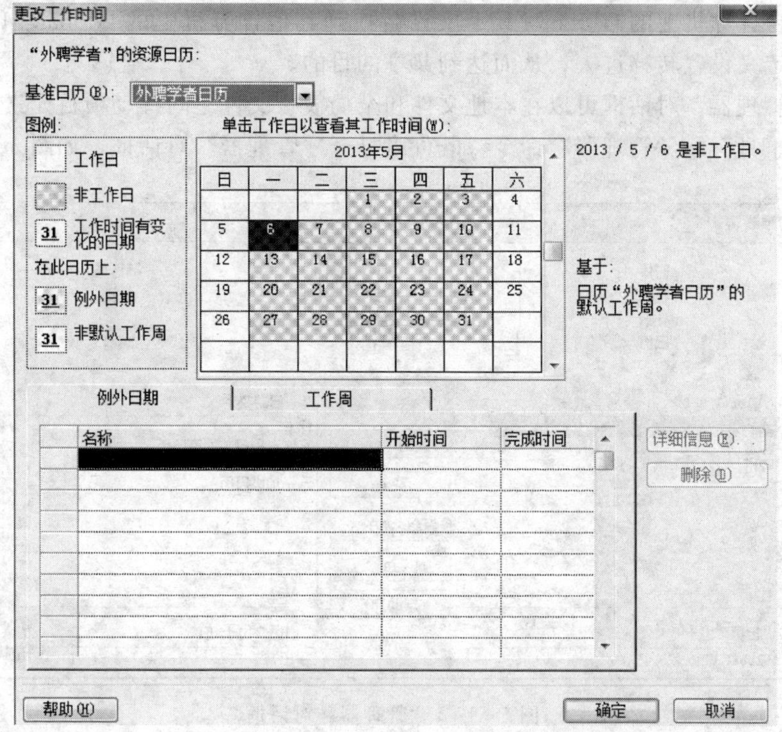

图 5-15 "更改工作时间"对话框

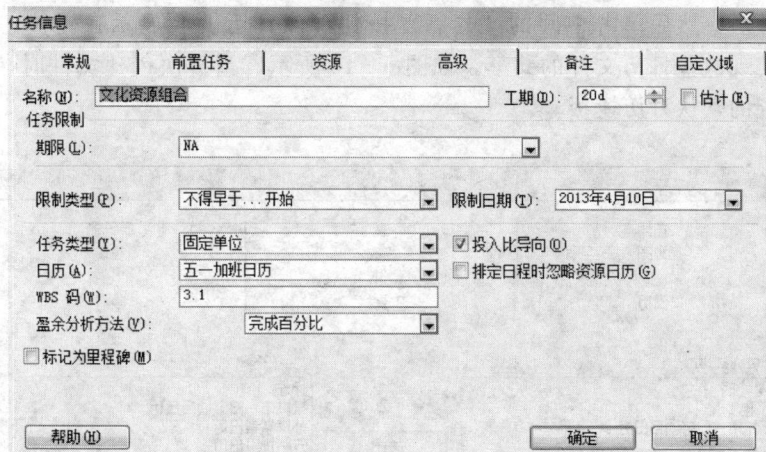

任务信息

常规 | 前置任务 | 资源 | 高级 | 备注 | 自定义域

名称(N): 文化资源组合 工期(D): 20d 估计(E)

任务限制

期限(L): NA

限制类型(P): 不得早于...开始 限制日期(T): 2013年4月10日

任务类型(Y): 固定单位 投入比导向(O)

日历(A): 五一加班日历 排定日程时忽略资源日历(G)

WBS 码(W): 3.1

盈余分析方法(V): 完成百分比

标记为里程碑(M)

帮助(H) 确定 取消

图 5-16 "任务信息"对话框

单击"高级"选项卡，在其中可以通过对"排定日程时忽略资源日历"复选框的选定与否来确定各种日历的优先级。选定表示项目日历优先，不选定则资源日历优先。

5. 日历的共享设置

在 Project 2007 中，要共享信息需要利用其中的全局文件。Global. MPT 文件是 Project 2007 使用的全局文件，其中包含了所有自定义设置。

所谓全局模板文件，指的是包含可用于不同项目信息的 Project 文件。全局文件可以供整个单位中的所有项目使用。

当用一台计算机上的 Global. MPT 文件替换到其他计算机上的 Global. MPT 文件时，会将这些自定义设置转移进去，从而达到共享的目的。

使用“管理器”对话框可以在本地文件和全局模板文件之间移动项目元素。

执行“工具”→“管理器”命令，既可以打开“管理器”对话框，如图 5－17 所示。

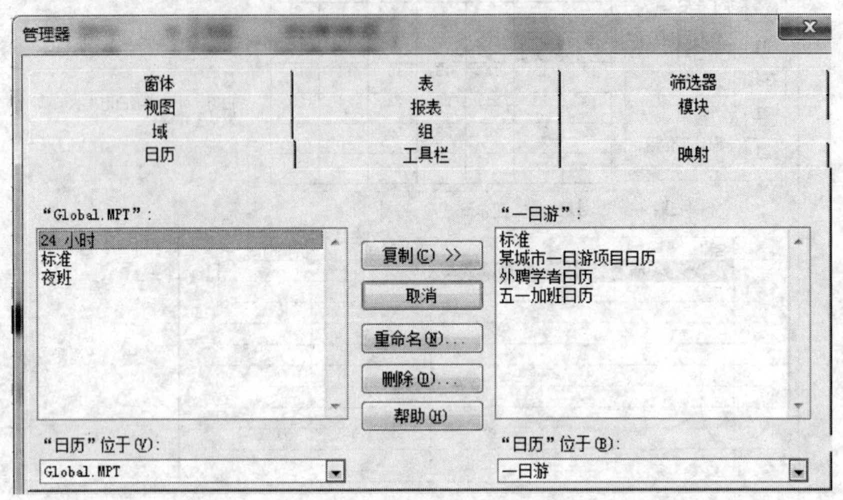

图 5－17　“管理器”对话框

要实现日历的共享设置，可以在图 5－17 中选中“日历”选项卡，选中右侧“一日游”下面的日历，然后单击中间的“复制”按钮，该日历就会显示在左侧，成为通用文件，即可以实现这些日历文件的共享，如图 5－18 所示。当再次创建文件时，这些日历就自动成为系统的默认日历模板。

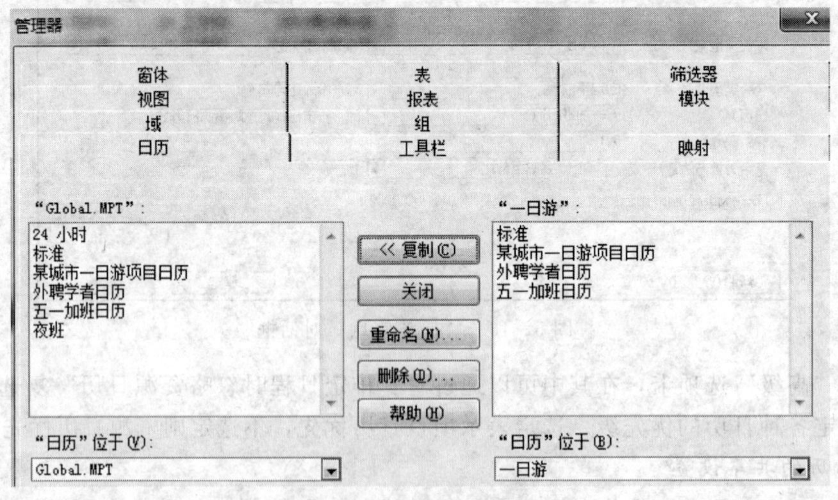

图 5－18　日历共享设置

以上是日历的共享设置，其他如视图、窗体、报表、表、宏等都可以依照以上方法进行，在此不再赘述。

5.2 任务输入与工期设定

在完成日历的设置之后，需要进行任务的分解、创建与输入完成，然后再为这些任务设置工期。

5.2.1 任务分解与输入

把任务输入系统之前，要完成工作任务分解，即所谓的 WBS，它确定了整个项目的范围，并作为一种层次结构便于报告日程和成本跟踪。

完成了任务分解之后，便可以在 Project 2007 中进行任务信息的录入工作了。

1. 直接录入任务

新建一个 Project 2007 文档，执行“文件”→“新建”命令，即可出现一个新的项目窗口，执行“项目”→“项目信息”命令，打开“项目信息”对话框，设置项目的“开始日期”等选项，单击“确定”按钮。

接着将插入点置于“任务名称”域中，录入所需的任务信息，依次顺下，一直到所有的任务都录入完毕为止。

2. 从 Word 中获取数据

前面讲到，通过项目向导可以导入 Excel 文件中的数据。Word 中的数据也可以转换到 Project 2007 中。

打开 Word 文档，在计划表格中选择需要复制到 Project 中的单元格，执行“复制”命令，然后切换到 Project 2007 中，执行“编辑”→“选择性粘贴”命令，既可以完成任务信息的录入。

3. 周期性任务的录入

有些任务每个阶段都需要重复完成，一般称之为周期性任务。如果有这类任务，可以采用 Project 2007 中提供的“插入周期性任务”功能减少手动录入的工作量。

如果在某任务之前插入周期性任务，则先选中此任务。单击“插入”→“周期性任务”命令，将弹出“周期性任务信息”对话框，如图5-19所示。

在“任务名称”文本框中录入“周中检查例会”，“重复发生方式”区域中选择“每周”，并选中“周三”复选框，单击“确定”按钮即可。插入周期性任务以后的情形如图 5-20所示。

5.2.2 任务工期的设定

当录入任务之后，就要为任务设置一定的工期。工期就是从任务开始时间到完成时间的时间总量。在 Project 2007 中，工期类型有月、周、日、时、分等，其对应的英文缩写为 Mo、W、D、H、M。

一般来说，最低级的任务才能直接设置工期，而有子任务的摘要任务的工期是根据其子任务的工期自动计算出来的，不能进行编辑。

每个任务都有对应的工期，当工期为 0 时，称该任务为“里程碑事件”。

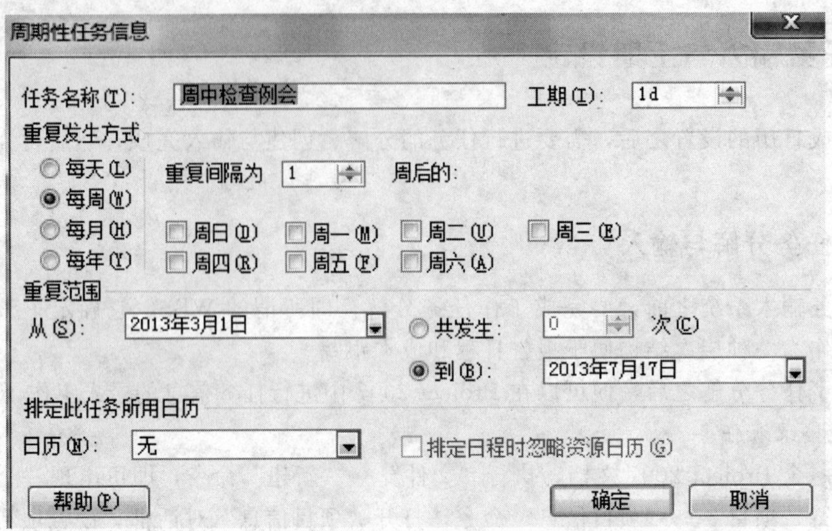

图 5-19 “周期性任务信息”对话框

18		**⊟ 投放阶段**	**20 工作日**	**2013年5月15日**
19		制作上市日	5 工作日	2013年5月15日
20		规划宣传活	5 工作日	2013年5月22日
21		整理嘉宾名	3 工作日	2013年5月22日
22		公共关系	20 工作日	2013年5月15日
23		**⊟ 验收阶段**	**99 工作日**	**2013年3月1日**
24		财务总结	15 工作日	2013年6月10日
25		市场调查与	25 工作日	2013年6月10日
26		总结会	3 工作日	2013年7月15日
27		**⊟ 周中检查例**	**96 工作日**	**2013年3月6日**
28		周中检查	1 工作日	2013年3月6日
29		周中检查	1 工作日	2013年3月13日
30		周中检查	1 工作日	2013年3月20日
31		周中检查	1 工作日	2013年3月27日
32		周中检查	1 工作日	2013年4月3日
33		周中检查	1 工作日	2013年4月10日
34		周中检查	1 工作日	2013年4月17日
35		周中检查	1 工作日	2013年4月24日
36		周中检查	1 工作日	2013年5月1日
37		周中检查	1 工作日	2013年5月8日
38		周中检查	1 工作日	2013年5月15日
39		周中检查	1 工作日	2013年5月22日
40		周中检查	1 工作日	2013年5月29日
41		周中检查	1 工作日	2013年6月5日
42		周中检查	1 工作日	2013年6月12日

图 5-20 插入周期性任务之后的情形

任务工期的输入很方便和简单，有三种方法：

(1) 在甘特图表格的“工期”域中直接输入工期。

(2) 通过鼠标左键拖动甘特图中的任务条改变其长度来改变其工期。

(3) 利用“任务工期”对话框来输入工期。

5.3 任务的类型及其关联

任务工期的限制类型很重要，它会影响任务的时间安排。任务的优先级高低对资源调配也有影响。而任务的关联则更加重要，影响到任务之间的完成次序及完成效率等。

5.3.1 任务的限制类型

在 Project 2007 中设定了 8 种任务的限制类型，如表 5－1 所示。

表 5－1　任务的限制类型

类　型	描　述
必须开始于	在用户设定的日期必须开始
必须完成于	在用户设定的日期必须完成
不得晚于……开始	不能晚于所设定的日期开始
不得晚于……完成	不能晚于所设定的日期完成
不得早于……开始	不能早于所设定的日期开始
不得早于……完成	不能早于所设定的日期完成
越晚越好	越晚开始越好
越早越好	越早开始越好

设置任务的限制类型很简单，双击选中的任务，会弹出“任务信息”对话框，选择其中的“高级”选项卡，打开“限制类型”下拉列表框，选择所需的限制类型即可，如图 5－21 所示。

图 5－21　限制类型的设置

5.3.2 任务优先级的设置

任务的优先级影响资源调配延迟的程度。在 Project 2007 中，任务优先级的值域在 1～1000之间。1000 为最高优先级，1 为最低优先级。优先级越高，资源调配的延迟越低。

设置某个任务的优先级很简单，双击该任务，弹出“任务信息”对话框，打开“常规”选项卡，就可以在“优先级”微调框中设置该任务的优先级了，如图 5-22 所示。

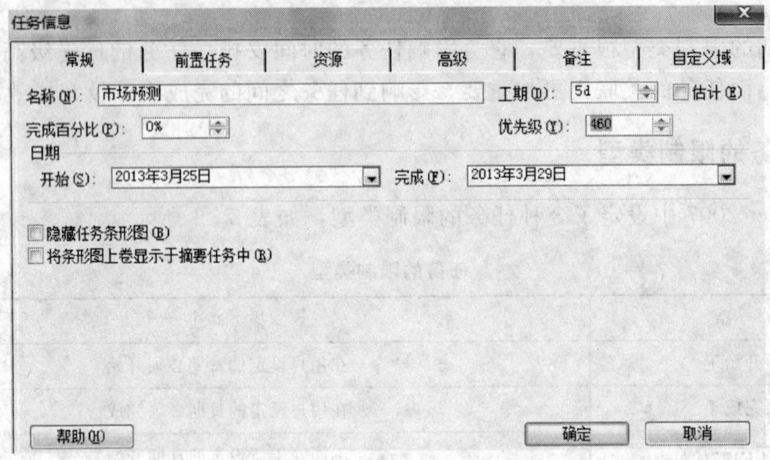

图 5-22　任务优先级的设置

5.3.3　任务的关联性设置

任务一般不是简单地平行进行或者接续进行的。任务之间需要科学有效地安排和调度。在 Project 2007 中，我们通过任务的关联性设置来完成。

1. 任务的关联性类型

任务关联性反映的是任务之间的链接关系。在 Project 2007 中提供了 4 种任务关联性类型，如表 5-2 所示。

表 5-2　　任务关联性类型

关联性类型	描　述
完成—开始（FS）	前置任务完成，后续任务才能开始
开始—开始（SS）	前置任务开始，后续任务才能开始
完成—完成（FF）	前置任务完成，后续任务才能完成
开始—完成（SF）	前置任务开始，后续任务才能完成

2. 建立任务的关联性

在 Project 2007 中，简历任务的关联性的方式比较多，这里介绍一个比较通用的方法。

选取“任务名称”域中需要建立关联性的两项或多项任务。用鼠标选中后，单击“常用”工具栏上的“链接任务”图标按钮，这些任务就完成了“完成—开始”关联性的建立，如图 5-23 所示。双击条形图中的链接箭头，将弹出“任务相关性”对话框，在其中的“类型”下拉列表中，可以选择所需要的关联性类型，如图 5-24 所示。这样，就实现了任务关联性的建立。

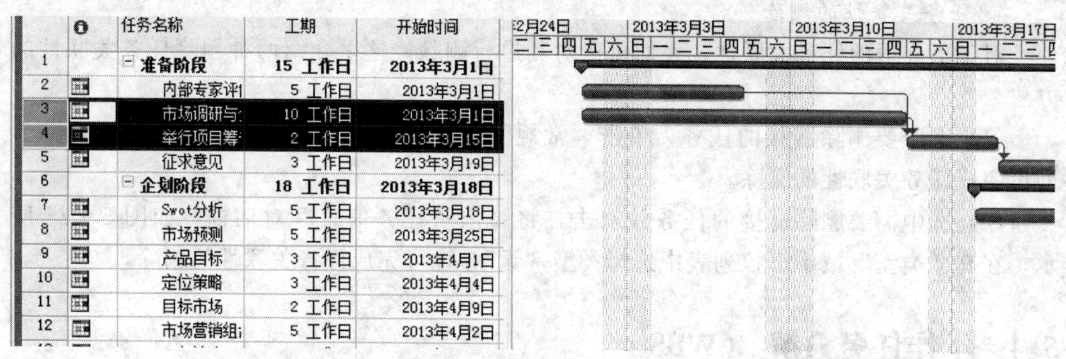

图 5 - 23 建立任务的关联性

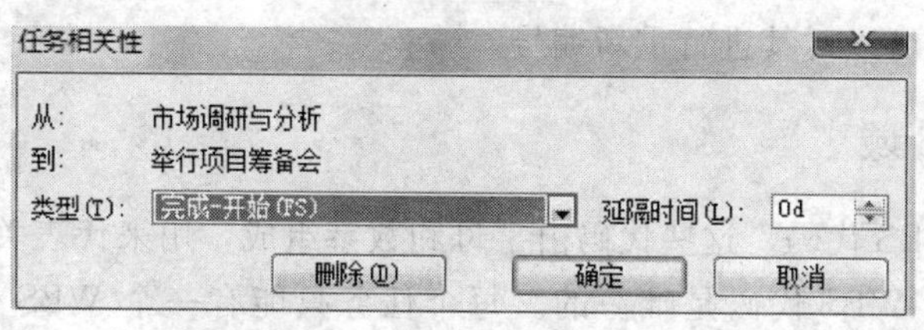

图 5 - 24 "任务相关性"对话框

3. 设置前置时间和延隔时间

前置时间是链接任务间的时间重叠，延隔时间是链接任务间的延迟时间。它们都可以以工期或前置任务工期的百分比的形式来输入。

在图 5 - 24 中，延隔时间为 0。如果要求两个任务之间有 2 天的前置时间，需要把其值改为"－2d"，如果要求 2 天的延隔时间，则其值设为"2d"。

双击有前置任务的任务，将弹出"任务信息"对话框，打开其"前置任务"选项卡，可以在其中修改任务关联性类型，也可以设置前置时间和延隔时间，如图 5 - 25 所示。

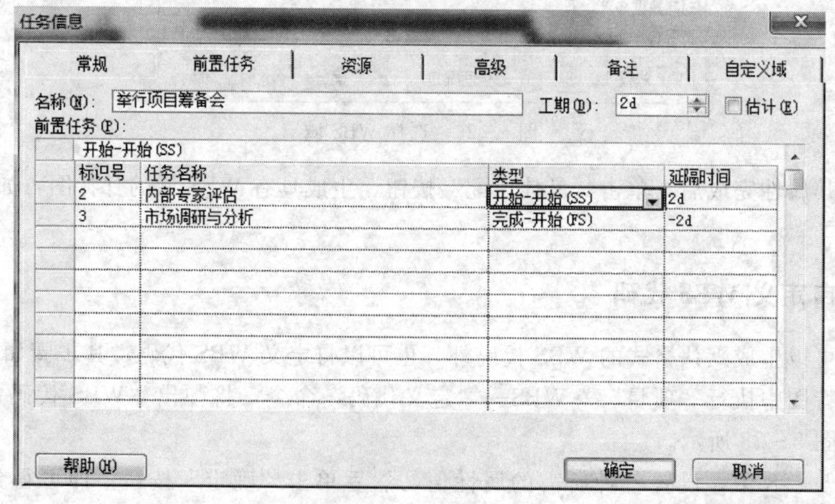

图 5 - 25 设置延隔时间

4. 任务关联性的删除

对于不合适的任务关联性，我们可以对其进行删除。这里介绍两种删除任务关联性的方法。

（1）选中要删除链接的任务，单击“常规”工具栏中的“取消任务链接”按钮，即可完成任务关联性的删除。

（2）选中需要删除链接的任务并双击，将弹出“任务信息”对话框，如图 5-25 所示，在其“类型”域中下拉列表中选择类型“无”，也可完成任务关联性的删除。

5.4 工作任务分解（WBS）

前面已对工作任务分解进行了介绍。在 Project 2007 中，可以插入 WBS 域，可以自定义 WBS 代码，也可以对其进行重新编号。

5.4.1 插入 WBS 域

WBS 域包含 WBS 代码，这些代码由字母和数字组成，用来代表关联任务在项目层次结构中所处的位置。WBS 代码是唯一的。每个任务只能有一个 WBS 代码。默认的 WBS 代码是任务的大纲数字。

在 Project 2007 中，可以为每项任务建立 WBS，将默认的 WBS 代码插入到甘特表中即可。

选中甘特图中的“任务名称”列，执行“插入”→“列”命令，将弹出“列定义”对话框，在其中“域名称”下拉列表中选择 WBS 选项，如图 5-26 所示。

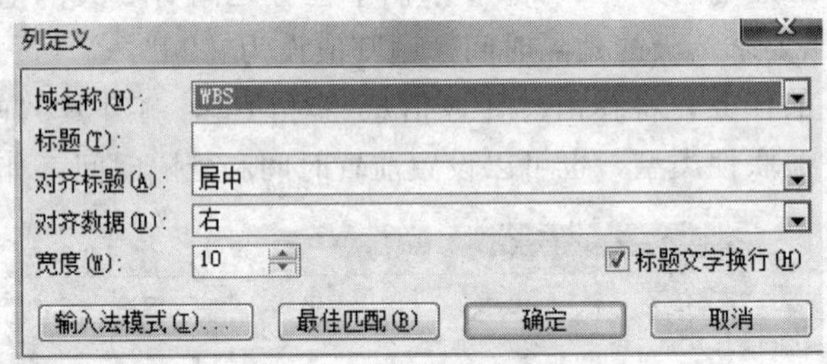

图 5-26 选择 WBS 域

设置其属性完成后，单击“最佳比配”按钮，生成具有 WBS 域的甘特图，如图 5-27 所示。

5.4.2 自定义 WBS 代码

除了可以生成默认格式的 WBS 代码外，也可以自定义 WBS 代码，其步骤如下：

在甘特图中执行“项目”→WBS→“定义代码”命令，将弹出“WBS 代码定义”对话框，如图 5-28 所示。

在图 5-28 中，设置各种所需的属性值，然后单击“确定”按钮，即可得到自定义 WBS 代码的甘特图，如图 5-29 所示。

	WBS	任务名称	工期	开始时间
7	2.1	Swot分析	5 工作日	2013年3月18日
8	2.2	市场预测	5 工作日	2013年3月25日
9	2.3	产品目标	3 工作日	2013年4月1日
10	2.4	定位策略	3 工作日	2013年4月4日
11	2.5	目标市场	2 工作日	2013年4月9日
12	2.6	市场营销组	5 工作日	2013年4月2日
13	2.7	服务策略	3 工作日	2013年4月2日
14	**3**	**− 开发阶段**	**32 工作日**	**2013年4月10日**
15	3.1	文化资源组	20 工作日	2013年4月10日
16	3.2	路线开发	10 工作日	2013年5月10日
17	3.3	服务商选择	10 工作日	2013年5月10日
18	**4**	**− 投放阶段**	**20 工作日**	**2013年5月15日**
19	4.1	制作上市日	5 工作日	2013年5月15日
20	4.2	规划宣传活	5 工作日	2013年5月22日
21	4.3	整理嘉宾名	3 工作日	2013年5月22日
22	4.4	公共关系	20 工作日	2013年5月15日
23	**5**	**− 验收阶段**	**99 工作日**	**2013年3月1日**
24	5.1	财务总结	15 工作日	2013年6月10日
25	[illegible]	[illegible]	[illegible]	[illegible]

图 5－27　具有 WBS 域的甘特图

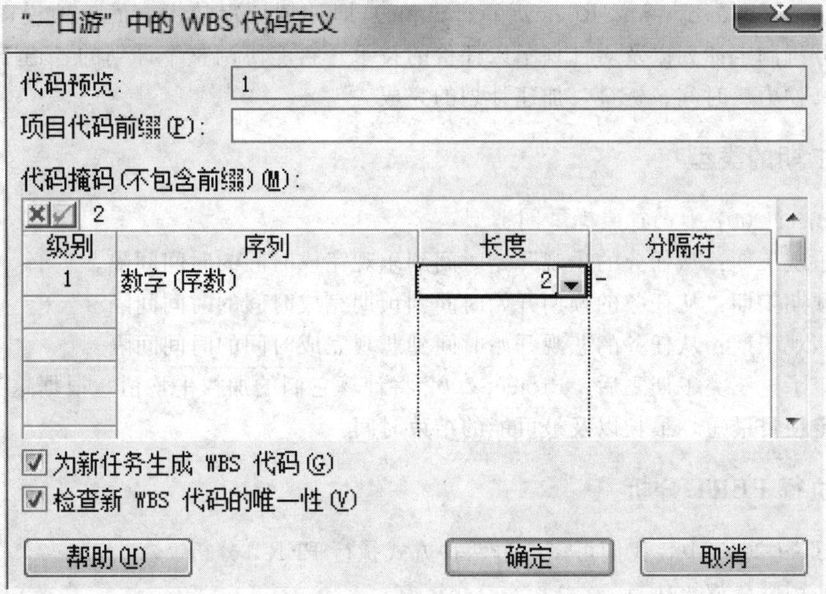

"一日游" 中的 WBS 代码定义

代码预览：1

项目代码前缀(P)：

代码掩码(不包含前缀)(M)：

级别	序列	长度	分隔符
1	数字(序数)	2	-

☑ 为新任务生成 WBS 代码(G)

☑ 检查新 WBS 代码的唯一性(V)

帮助(H)　确定　取消

图 5－28　"WBS 代码定义"对话框

	WBS	任务名称	工期	开始时间
1	**01**	**准备阶段**	**15 工作日**	**2013年3月1**
2	01-1	内部专家评	5 工作日	2013年3月
3	01-2	市场调研与	10 工作日	2013年3月
4	01-3	举行项目筹	2 工作日	2013年3月1
5	01-4	征求意见	3 工作日	2013年3月1
6	**02**	**企划阶段**	**18 工作日**	**2013年3月18**
7	02-1	Swot分析	5 工作日	2013年3月1
8	02-2	市场预测	5 工作日	2013年3月2
9	02-3	产品目标	3 工作日	2013年4月
10	02-4	定位策略	3 工作日	2013年4月
11	02-5	目标市场	2 工作日	2013年4月
12	02-6	市场营销组	5 工作日	2013年4月
13	02-7	服务策略	3 工作日	2013年4月
14	**03**	**开发阶段**	**32 工作日**	**2013年4月10**
15	03-1	文化资源组	20 工作日	2013年4月1
16	03-2	路线开发	10 工作日	2013年5月1
17	03-3	服务商选择	10 工作日	2013年5月1

图 5－29　自定义 WBS 代码后的甘特图

5.5　PERT 分析

在现代项目管理计划的编制和分析手段上，PERT 被广泛地使用。所谓 PERT（Program/Project Evaluation and Review Technique）即计划评审技术，简单地说，PERT 是利用网络分析制定计划以及对计划予以评价的技术。它能协调整个计划的各道工序，合理安排人力、物力、时间、资金，加速计划的完成。

5.5.1　工期的类型

在 Project 2007 中，有三类工期类型：

（1）乐观工期：从任务的乐观开始时间到乐观完成时间的时间间隔。

（2）预期工期：从任务的预期开始时间到预期完成时间的时间间隔。

（3）悲观工期：从任务的悲观开始时间到悲观完成时间的时间间隔。

在确定了这三类工期之后，Project 2007 将计算它们的加权平均值。根据这三类工期，也可以确定项目最短、最长以及最可能的结束时间。

5.5.2　执行 PERT 分析

在 Project 2007 中，我们可以通过两种方式执行 PERT 分析。

（1）使用默认权重执行。

（2）使用更改后的权重执行。

在 Project 2007 中，具体操作如下：

打开项目文件，执行“视图”→“工具栏”→“PERT 分析”命令，在“格式”工具栏下方将出现“PERT 分析”工具栏，如图 5-30 所示。

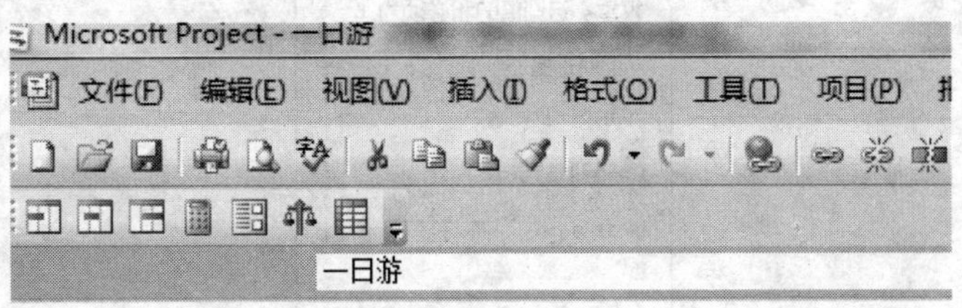

图 5-30　“PERT 分析”工具栏

单击“PERT 项工作表”按钮，将打开“PERT 项工作表”视图，如图 5-31 所示。

	任务名称	工期	乐观工期	预期工期	悲观工期
1	**准备阶段**	**15 工作日**	**0 工作日**	**0 工作日**	**0 工作日**
2	内部专家评估	5 工作日	0 工作日	0 工作日	0 工作日
3	市场调研与分析	10 工作日	0 工作日	0 工作日	0 工作日
4	举行项目筹备会	2 工作日	0 工作日	0 工作日	0 工作日
5	征求意见	3 工作日	0 工作日	0 工作日	0 工作日
6	**企划阶段**	**18 工作日**	**0 工作日**	**0 工作日**	**0 工作日**
7	Swot分析	5 工作日	0 工作日	0 工作日	0 工作日
8	市场预测	5 工作日	0 工作日	0 工作日	0 工作日
9	产品目标	3 工作日	0 工作日	0 工作日	0 工作日
10	定位策略	3 工作日	0 工作日	0 工作日	0 工作日
11	目标市场	2 工作日	0 工作日	0 工作日	0 工作日
12	市场营销组合	5 工作日	0 工作日	0 工作日	0 工作日
13	服务策略	3 工作日	0 工作日	0 工作日	0 工作日
14	**开发阶段**	**32 工作日**	**0 工作日**	**0 工作日**	**0 工作日**
15	文化资源组合	20 工作日	0 工作日	0 工作日	0 工作日
16	路线开发	10 工作日	0 工作日	0 工作日	0 工作日
17	服务商选择	10 工作日	0 工作日	0 工作日	0 工作日
18	**投放阶段**	**20 工作日**	**0 工作日**	**0 工作日**	**0 工作日**
19	制作上市日程	5 工作日	0 工作日	0 工作日	0 工作日
20	规划宣传活动	5 工作日	0 工作日	0 工作日	0 工作日
21	整理嘉宾名录	3 工作日	0 工作日	0 工作日	0 工作日
22	公共关系	20 工作日	0 工作日	0 工作日	0 工作日
23	**验收阶段**	**99 工作日**	**0 工作日**	**0 工作日**	**0 工作日**
24	财务总结	15 工作日	0 工作日	0 工作日	0 工作日
25	市场调查与反馈	25 工作日	0 工作日	0 工作日	0 工作日
26	总结会	3 工作日	0 工作日	0 工作日	0 工作日
27	任务完成	0 工作日	0 工作日	0 工作日	0 工作日

图 5-31　“PERT 项工作表”视图

在表中输入乐观、悲观和预期的工期数据，输入完成后，单击“PERT 分析”工具栏中的“设置 PERT 权重”按钮，将出现“设置 PERT 权重”对话框，在其中设置所需的各种工期的概率，如图 5-32 所示。

设置权重完成后，单击“计算 PERT”按钮，将出现一个新的计算后的 PERT 项工作表。单击“乐观甘特图”按钮、“悲观甘特图”按钮以及“预期甘特图”按钮，可以分别显示出计算后的各自的甘特图。这些操作简单易行，在此不再赘述。

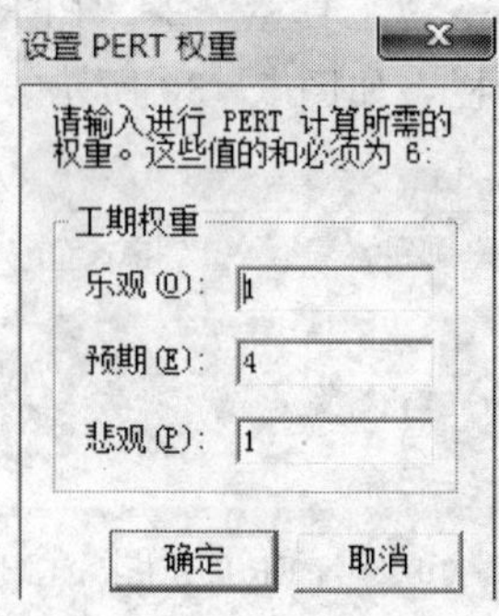

图 5-32 设置权重

课后思考题

1. 仔细推敲任务之间的关联性。
2. 练习并执行 PERT 分析。

第6章 项目资源计划编制与管理

本章学习要点：

了解 Project 2007 中的资源类型。

掌握工时资源和材料资源的建立操作。

学会和掌握为任务分配资源的方法与步骤。

掌握资源的排序、筛选和共性。

在项目实践中，任务的进展需要一定资源的配合才能顺利完成。资源就是项目任务完成所需要的人员、设备和材料。在制定完进度计划后，需要进行项目资源计划的编制与管理。本章将介绍项目资源的建立、分配、调配等内容。

6.1 项目资源的建立

在项目资源建立之前，需要先了解 Project 2007 中的资源类型，然后再分别建立不同类型的资源。

6.1.1 资源的类型

在 Project 2007 中，资源分为 3 类，具体如表 6-1 所示。

表 6-1 资源的类型

资源类型	描　述
工时资源	执行工时以完成任务的人员与设备资源。一般情况下工时资源为人员和设备
材料资源	在项目中用于完成任务的供应品、存货或其他消耗品。一般情况下材料资源为混凝土、钢材、土料、玻璃等
成本资源	项目的财务费用和开支。一般包括差旅费、住宿费、资产成本和其他固定任务成本

6.1.2 工时资源的建立

一般来说，在包括文化产业项目在内的所有项目中，工时资源是最常用的和最重要的资源。在有些文化项目中，工时资源几乎是项目资源的全部。

工时资源建立的方法比较简单，下面介绍其步骤：

（1）单击“视图”→“资源工作表”命令，进入“资源工作表”视图，在其中可以新建工时资源，如图6－1所示。

甘特图
跟踪甘特图
任务分配状况
日历
网络图
资源工作表

	❶	资源名称	类型	材料标签	缩写	组	最大单位	标
1		外聘学者	工时		外		100%	

图6－1　资源工作表

（2）在资源工作表的“资源名称”栏中输入工时资源的名称，在“类型”下拉列表中选择“工时”类型。

（3）设置工作时间。双击图6－1中的资源，将弹出“资源信息”对话框，如图6－2所示。

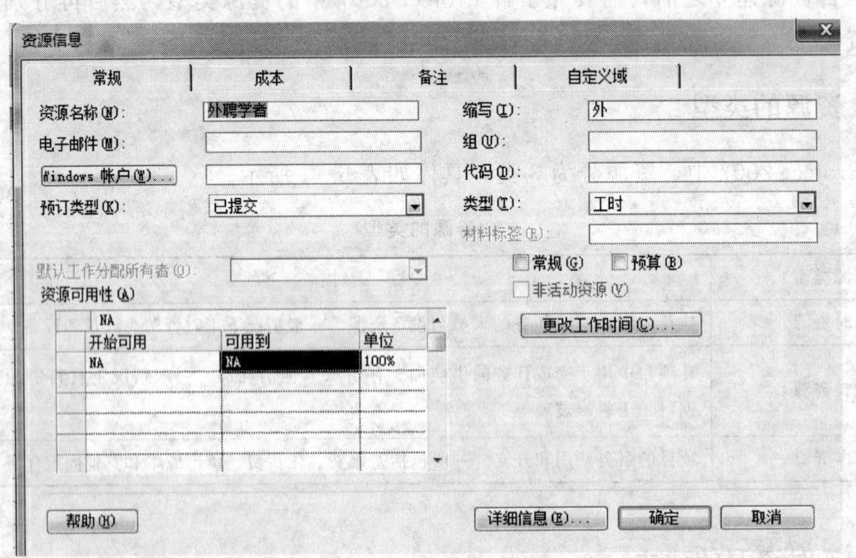

图6－2　“资源信息”对话框

单击“更改工作时间”按钮，将弹出“更改工作时间”对话框。如图6－3所示。我们可以根据实际需要设置资源日历。设置日历的方法前面已经讲过，在此不再赘述。

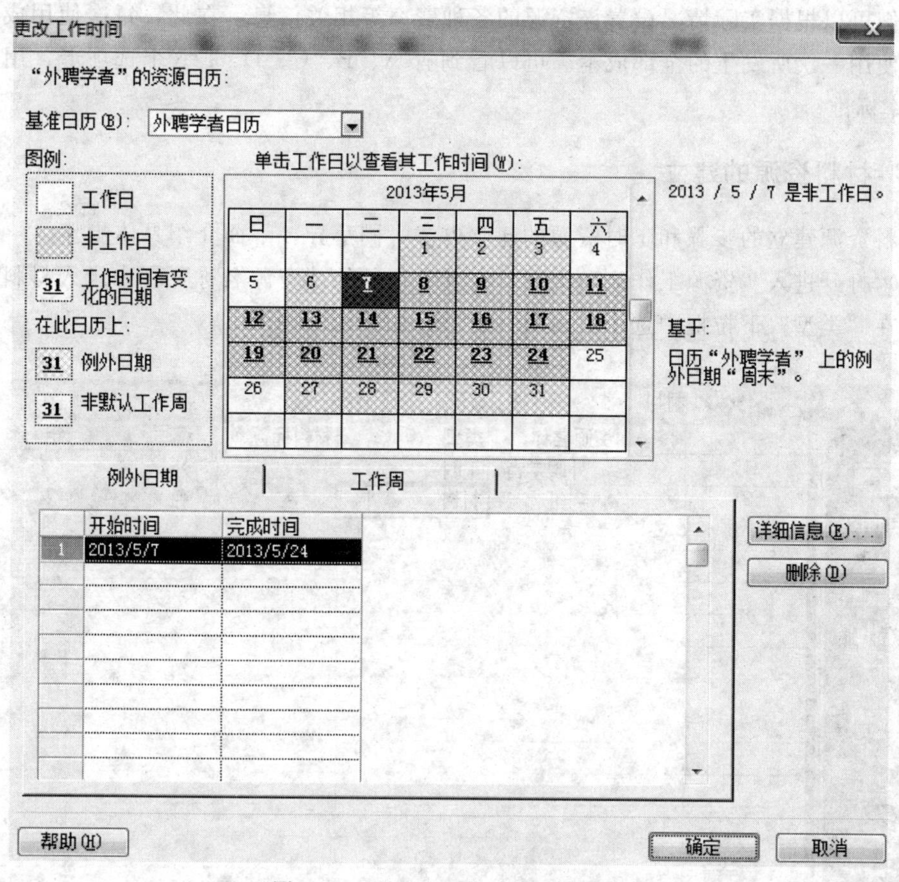

图 6-3 "更改工作时间"对话框

(4) 设置成本信息。单击图 6-2 中的"成本"选项卡。如图 6-4 所示。

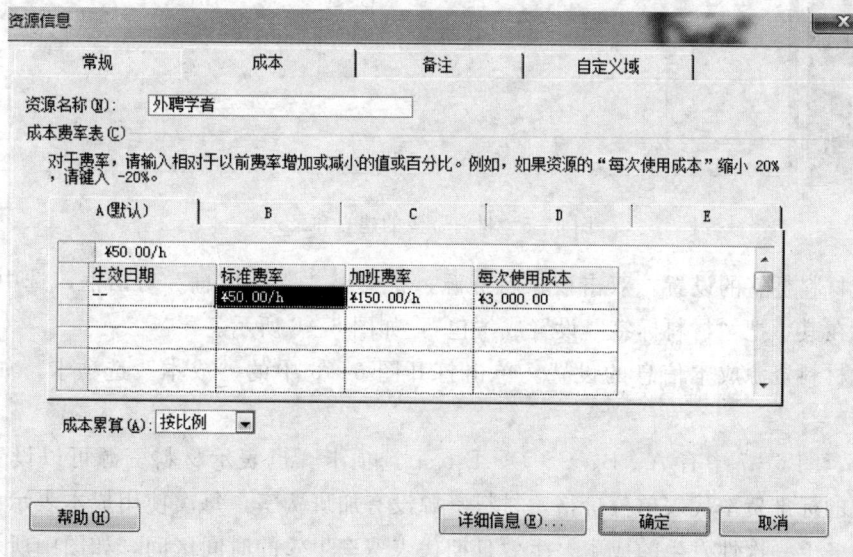

资源信息

常规 | 成本 | 备注 | 自定义域

资源名称(N): 外聘学者

成本费率表(C)

对于费率，请输入相对于以前费率增加或减小的值或百分比。例如，如果资源的"每次使用成本"缩小 20%，请键入 -20%。

A(默认) | B | C | D | E

¥50.00/h

生效日期	标准费率	加班费率	每次使用成本
--	¥50.00/h	¥150.00/h	¥3,000.00

成本累算(A): 按比例

帮助(H)　详细信息(E)...　确定　取消

图 6-4 设置资源成本信息

我们可以根据实际情况设置该资源的各种费率等相关信息。在此，每次使用成本表示该资源使用一次所发生的全部成本。可以看到有 A、B、C、D、E 5 个选项卡，用来设置 5 套费率标准。

6.1.3 材料资源的建立

材料资源建立的步骤和工时资源的建立方法大同小异，下面介绍具体步骤。

（1）打开进入“资源工作表”视图，在其空白行的“资源名称”栏中录入材料资源的名称。在“类型”下拉框中选中“材料”类型，如图 6-5 所示。

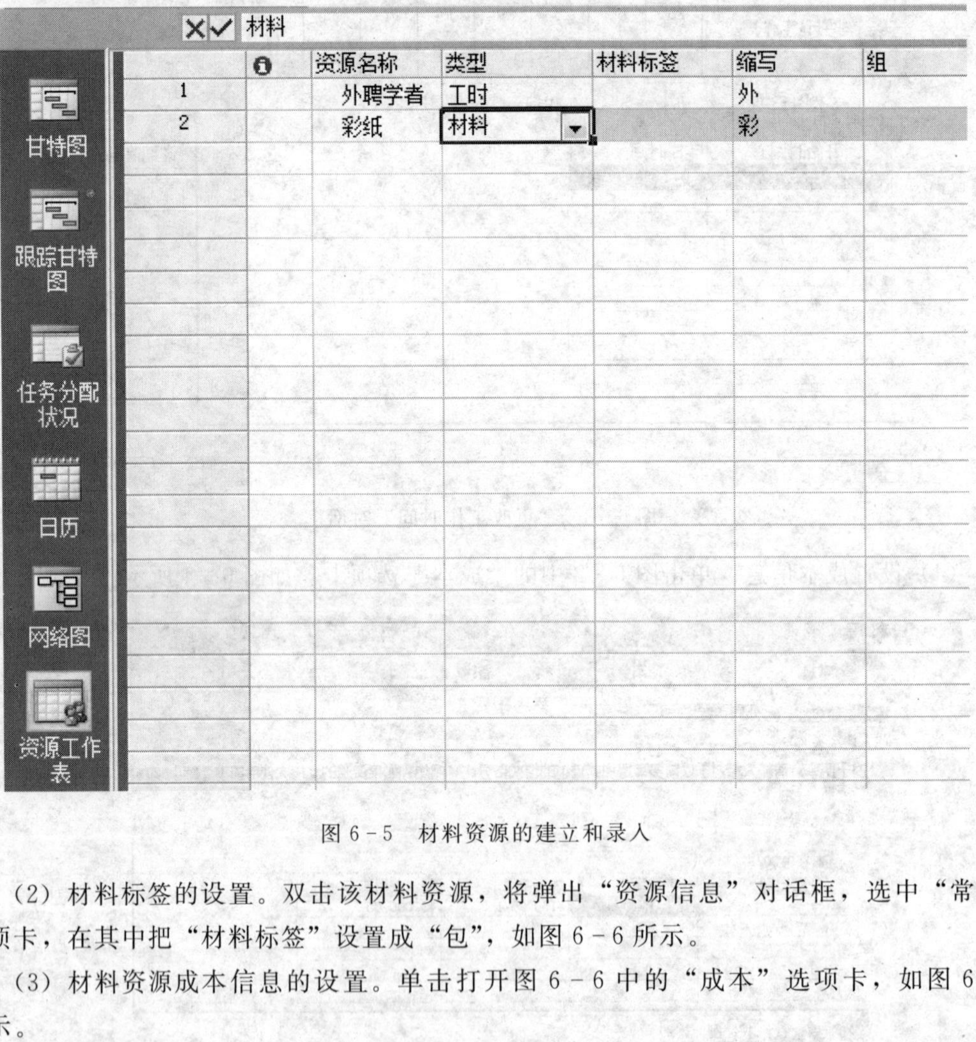

甘特图 跟踪甘特图 任务分配状况 日历 网络图 资源工作表

		资源名称	类型	材料标签	缩写	组
1		外聘学者	工时		外	
2		彩纸	材料		彩	

图 6-5　材料资源的建立和录入

（2）材料标签的设置。双击该材料资源，将弹出“资源信息”对话框，选中“常规”选项卡，在其中把“材料标签”设置成“包”，如图 6-6 所示。

（3）材料资源成本信息的设置。单击打开图 6-6 中的“成本”选项卡，如图 6-7 所示。

同样，图 6-7 中有 A、B、C、D、E 5 个选项卡，也表示材料资源可以设置 5 套费率。其中的标准费率代表单位价格，材料资源没有加班费率，每次使用成本表示材料资源分配在任务上一次性发生的成本。生效日期代表费率生效的时间区间，如图中所示的生效日期 2013 年 5 月 10 日，表示在此日期之前所有费率采用第一行的费率标准执行。

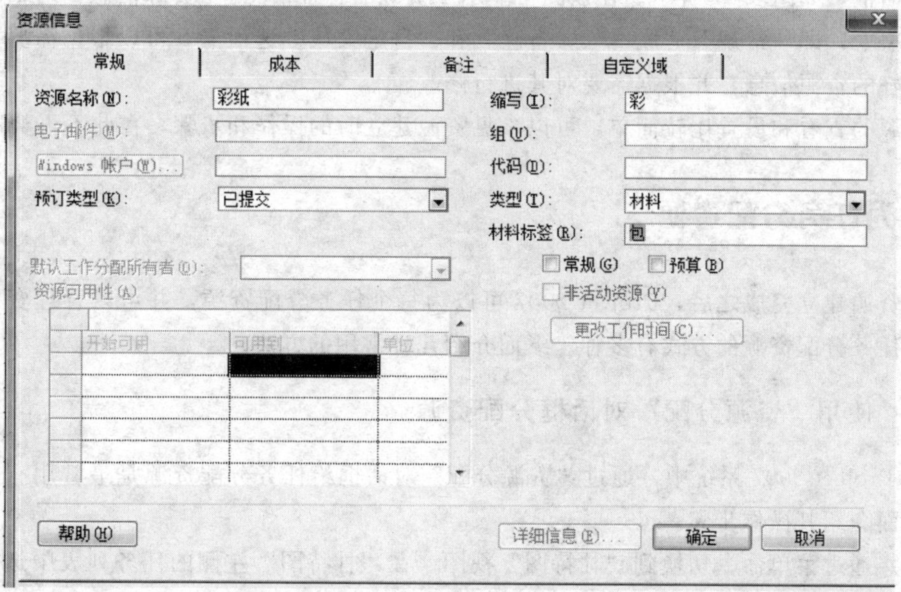

图 6－6　材料标签的设置

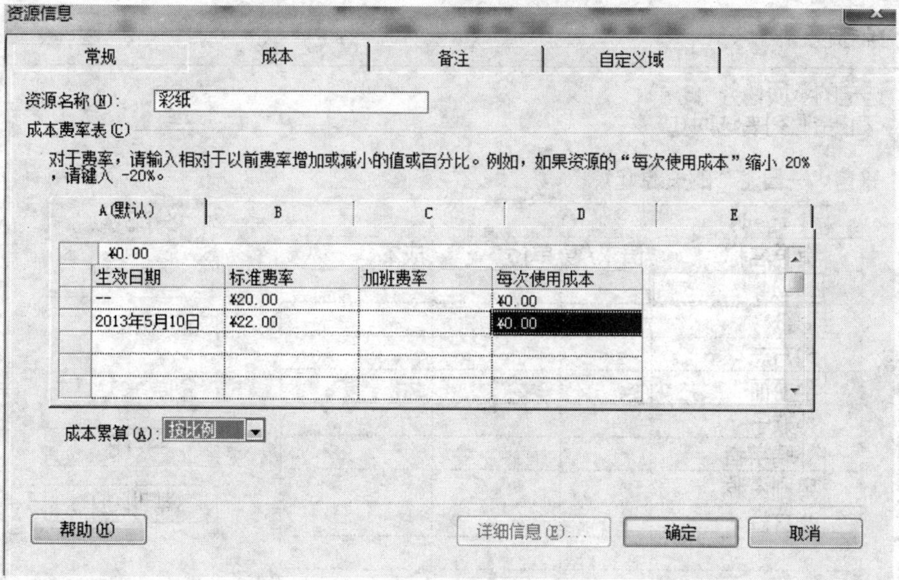

图 6－7　设置材料资源成本

6.2　资源的查看与设置

在资源建立之后，我们可以查看资源信息，也可以对已经建立的资源重新进行设置。如果想查看或修改某项资源，直接用鼠标双击该资源所在的行，就会弹出“资源信息”对话框，如图 6-7 所示。在该图中显示了资源的各种信息。“资源信息”对话框包含四个选项卡，即“常规”、“成本”、“备注”和“自定义域”选项卡。可以根据需要查看已经建立好的资源信息，并根据需要对其进行修改。

资源的查看和设置比较简单，可以参见资源建立时的操作和步骤，在此不再赘述。

6.3 为任务分配资源

在资源建立完成之后，Project 2007 可以为每个任务分配资源，并可以管理资源的使用。为任务分配资源的方式有多种。下面介绍几种常用的方法。

6.3.1 使用“资源分配”对话框分配资源

在 Project 2007 系统中，通过“资源分配”对话框给任务分配资源是最常用有效的方法。下面介绍其操作步骤。

(1) 通过菜单命令切换到“甘特图”视图。在“甘特图”左侧的任务列表中选择要分配资源的任务名称。在此需要注意的是，可以选择一个任务也可以选择多个任务。执行“工具”→“分配资源”命令，将弹出“分配资源”对话框，如图 6-8 所示。

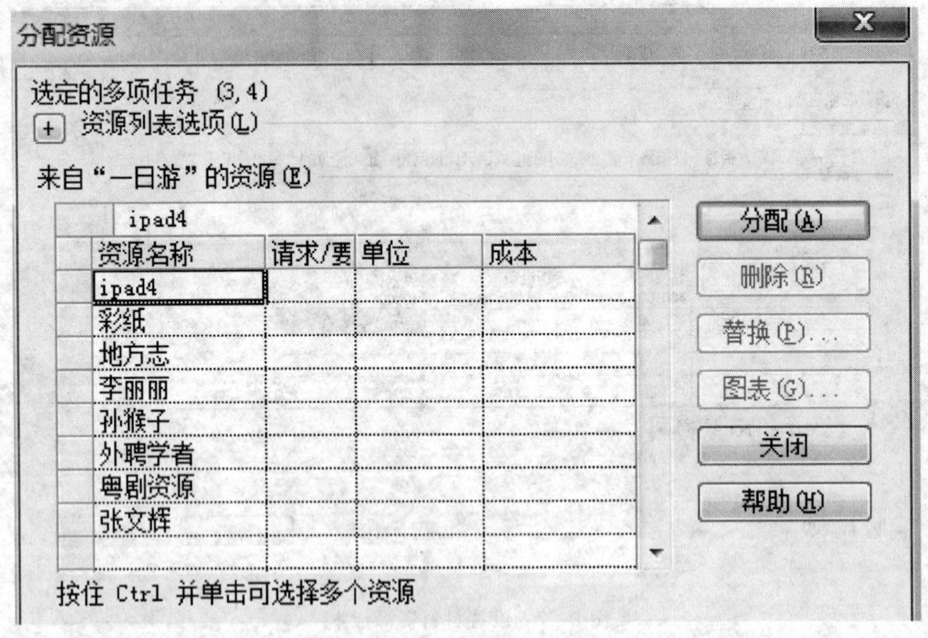

图 6-8 “分配资源”对话框

(2) 在图 6-8 中会显示已经建立好了的资源列表，在其中选择需要的一个和多个资源，并输入资源的“请求”值或单位，如图 6-9 所示。

(3) 单击图 6-9 中的“分配”命令，可以将选定的资源分配给选定的任务，在“甘特图”中就会有相应的显示，如图 6-10 所示。

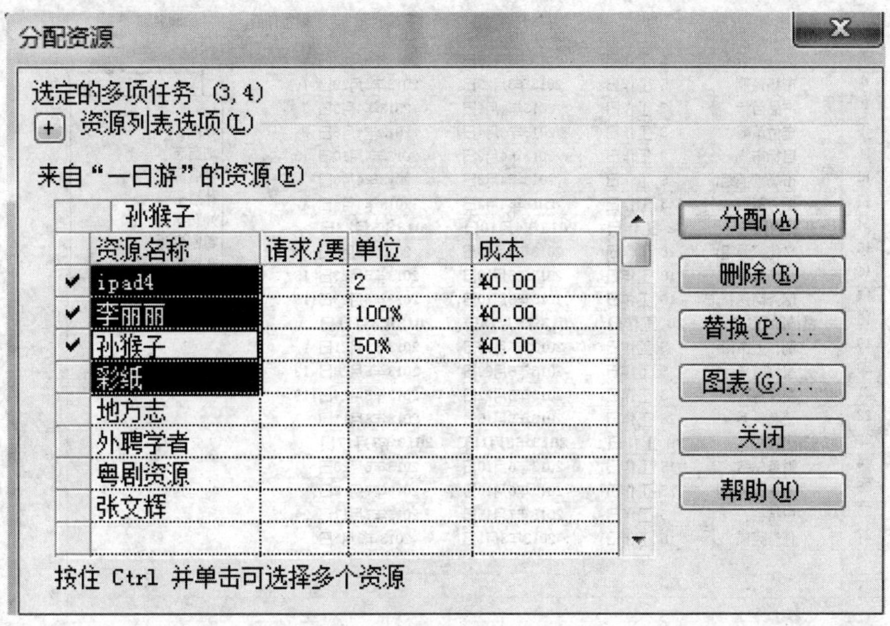

图 6－9　资源的选择与分配

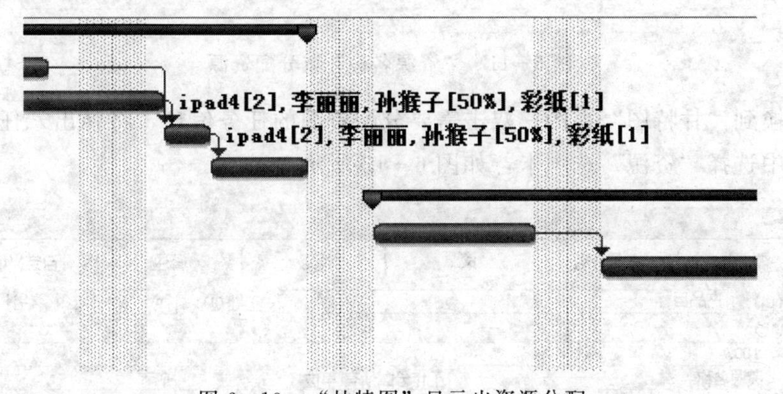

图 6－10　"甘特图"显示出资源分配

6.3.2　使用"甘特图"中的"资源名称"域分配资源

这种分配方式最简单、最直接，也是一种常用的给任务分配资源的方式。但它也有缺点，就是一个任务只能分配一个资源。幸好在日常项目中，一个任务分配一个资源的现象比较常见，因此，这种方法也比较实用有效。下面介绍其方法步骤。

(1) 切换到"甘特图"视图，找到任务所对应的"资源名称"域，如图 6－11 所示。

(2) 在图 6－11 中的"资源名称"域中选中下拉列表中的资源即可。

6.3.3　使用"任务信息"对话框分配资源

这种方法可以为一个任务分配多个资源，比使用"资源名称"域分配资源的方法先进一些。下面介绍其方法步骤。

	任务名称	工期	开始时间	完成时间	前置任务	资源名称
7	Swot分析	5 工作日	2013年3月18日	2013年3月22日		
8	市场预测	5 工作日	2013年3月25日	2013年3月29日	7	
9	产品目标	3 工作日	2013年4月1日	2013年4月3日	8	ipad4
10	定位策略	3 工作日	2013年4月4日	2013年4月8日	9	彩纸
11	目标市场	2 工作日	2013年4月9日	2013年4月10日	10	地方志
12	市场营销组	5 工作日	2013年4月2日	2013年4月8日		李丽丽
13	服务策略	3 工作日	2013年4月2日	2013年4月4日		孙猴子
14	**开发阶段**	**32 工作日**	**2013年4月10日**	**2013年5月23日**		外聘学者
15	文化资源组	20 工作日	2013年4月10日	2013年5月9日		粤剧资源
16	路线开发	10 工作日	2013年5月10日	2013年5月23日	15	张文辉
17	服务商选择	10 工作日	2013年5月10日	2013年5月23日	15	
18	**投放阶段**	**20 工作日**	**2013年5月15日**	**2013年6月11日**		
19	制作上市日	5 工作日	2013年5月15日	2013年5月21日		
20	规划宣传活	5 工作日	2013年5月22日	2013年5月28日	19	
21	整理嘉宾名	3 工作日	2013年5月22日	2013年5月24日	19	
22	公共关系	20 工作日	2013年5月15日	2013年6月11日		
23	**验收阶段**	**99 工作日**	**2013年3月1日**	**2013年7月17日**		
24	财务总结	15 工作日	2013年6月10日	2013年6月28日		
25	市场调查与	25 工作日	2013年6月10日	2013年7月12日		
26	总结会	3 工作日	2013年7月15日	2013年7月17日	24,25	
27	任务完成	0 工作日	2013年3月1日	2013年3月1日		

图 6－11 “资源名称”域分配资源

（1）切换到“甘特图”视图，双击需要分配资源的任务信息，将弹出“任务信息”对话框，在其中选择“资源”选项卡，如图 6－12 所示。

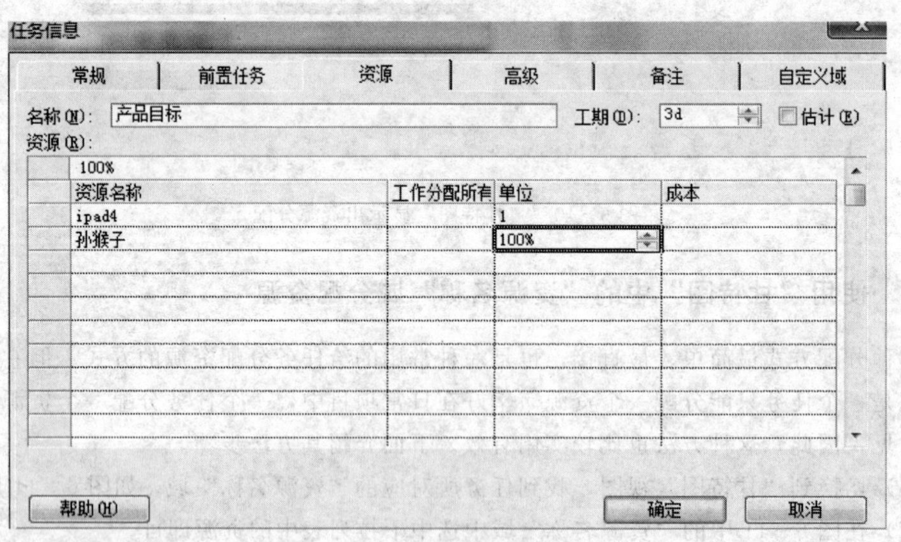

图 6－12 “任务信息”中的资源分配

（2）在“资源名称”下拉列表中选择需要配置的资源，并设置“单位”等属性值，单击“确定”按钮即完成资源分配。

6.4 资源分配情况

在通过各种方法为任务分配相关资源之后，接下来需要全面了解资源分配的情况，以便清楚哪些资源闲置，哪些资源过度分配，哪些资源被合理分配，以及其他各种未知的情况。

查看资源使用情况的方式也比较简单，以下介绍其方法和步骤。

(1) 执行“视图”→“资源使用情况”，将看到资源使用情况的界面，如图 6-13 所示。

图 6-13 所显示的是资源分配情况略图，详细信息在其右侧显示。在该图中显示有未分配的资源和已经分配的资源。如果有资源被过度分配，在该资源前面将有一个警示符号。如图中的“李丽丽”和“张文辉”就是被过度分配的资源。

(2) 执行“视图”→“资源工作表”命令，将弹出资源工作表显示的界面，如图 6-14 所示。

在图 6-14 中，也可以显示出两个警示过度配置的资源。实际上，系统是通过检查实际分配量是否超过“最大单位”值而判断资源是否过度分配的。系统默认“最大单位”值为 100%。如果我们把“最大单位”值进行修改，如把“张文辉”对应的“最大单位”改为 200%，则系统就不会再显示资源被过度分配了，如图 6-15 所示。

		资源名称	工时
		⊞ 未分配的	0 工时
1		⊟ 外聘学者	32 工时
		市场预测	14.55 工时
		产品目标	8.73 工时
		定位策略	8.73 工时
2		⊟ 彩纸	11
		市场调研与分	1
		举行项目筹备	1
		市场预测	3
		产品目标	3
		定位策略	3
3		⊟ 李丽丽	128 工时
		市场调研与分	53.33 工时
		举行项目筹备	10.67 工时
		市场预测	29.08 工时
		产品目标	17.45 工时
		定位策略	17.45 工时
4		⊟ 张文辉	48 工时
		市场预测	21.82 工时
		产品目标	13.08 工时
		定位策略	13.08 工时
5		⊟ ipad4	14
		准备阶段	1
		市场调研与分	2
		举行项目筹备	2
		市场预测	3
		产品目标	3
		定位策略	3
6		⊟ 孙猴子	64 工时
		市场调研与分	26.67 工时

图 6-13 资源分配情况

		资源名称	类型	材料标签	缩写	组	最大单位	标
1		外聘学者	工时		外		100%	
2		彩纸	材料		彩			
3		李丽丽	工时		李		100%	
4		张文辉	工时		张		100%	
5		ipad4	材料		i			
6		孙猴子	工时		孙		100%	
7		地方志	材料		地			
8		粤剧资源	材料		粤			

图 6-14 资源工作表

	❶	资源名称	类型	材料标签	缩写	组	最大单位	标
1		外聘学者	工时		外		100%	
2		彩纸	材料		彩			
3		李丽丽	工时		李		100%	
4		张文辉	工时		张		200%	
5		ipad4	材料		i			
6		孙猴子	工时		孙		100%	
7		地方志	材料		地			
8		粤剧资源	材料		粤			

图 6－15　调整后的资源工作表

(3) 如果想要知道哪些任务分配给哪些人来完成，执行“视图”→“任务分配情况”命令即可显示，如图 6－16 所示。

	❶	任务名称	工时
1		⊟ **准备阶段**	**96 工时**
		ipad4	1
2		内部专家评估	0 工时
3		⊟ 市场调研与分析	80 工时
		彩纸	1
		李丽丽	53.33 工时
		ipad4	2
		孙猴子	26.67 工时
4		⊟ 举行项目筹备会	16 工时
		彩纸	1
		李丽丽	10.67 工时
		ipad4	2
		孙猴子	5.33 工时
5		征求意见	0 工时
6		⊟ **企划阶段**	**176 工时**
7		Swot分析	0 工时
8		⊟ 市场预测	80 工时
		外聘学者	14.55 工时
		彩纸	3
		李丽丽	29.08 工时
		张文辉	21.82 工时
		ipad4	3
		孙猴子	14.55 工时
		地方志	4
		粤剧资源	5
9		⊟ 产品目标	48 工时
		外聘学者	8.73 工时
		彩纸	3
		李丽丽	17.45 工时
		张文辉	13.08 工时

图 6－16　“任务分配状况”视图

(4) 我们也可以用图表方式查看资源的使用情况，此时执行“视图”→“资源图表”命令即可，如图 6－17 所示。

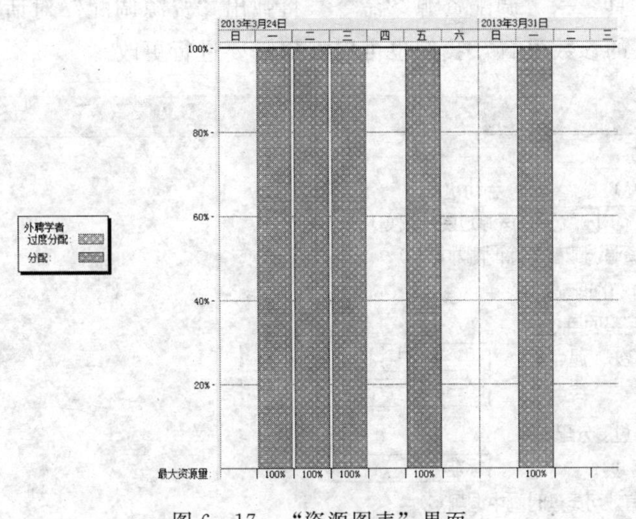

图 6-17 “资源图表”界面

6.5 对资源过度分配进行调整

通过查看资源的分配状况，可以看出有些资源分配过度而被警告，此时我们需要采取措施进行资源调配来解决这一问题。在 Project 2007 中，有多种资源调配的方法。

6.5.1 资源调配

Project 2007 系统提供了资源调配功能来解决资源过度分配问题。下面介绍其方法和步骤。

(1) 执行“视图”→“资源使用情况”命令，打开资源使用情况界面。选中希望调配的过度配置资源，如图 6-18 所示。

		市场调研与分	1	工时	
		举行项目筹备	1	工时	
		市场预测	3	工时	
		产品目标	3	工时	
		定位策略	3	工时	
3		⊟ 李丽丽	128 工时	工时	
		市场调研与分	53.33 工时	工时	
		举行项目筹备	10.67 工时	工时	
		市场预测	29.08 工时	工时	
		产品目标	17.45 工时	工时	
		定位策略	17.45 工时	工时	
4		⊟ 张文辉	48 工时	工时	

图 6-18 选中需要调配的资源

（2）执行“工具”→“调配资源”命令，将弹出“资源调配”对话框，如图 6-19 所示。这是系统默认的参数设置，我们也可以根据需要进行更改。

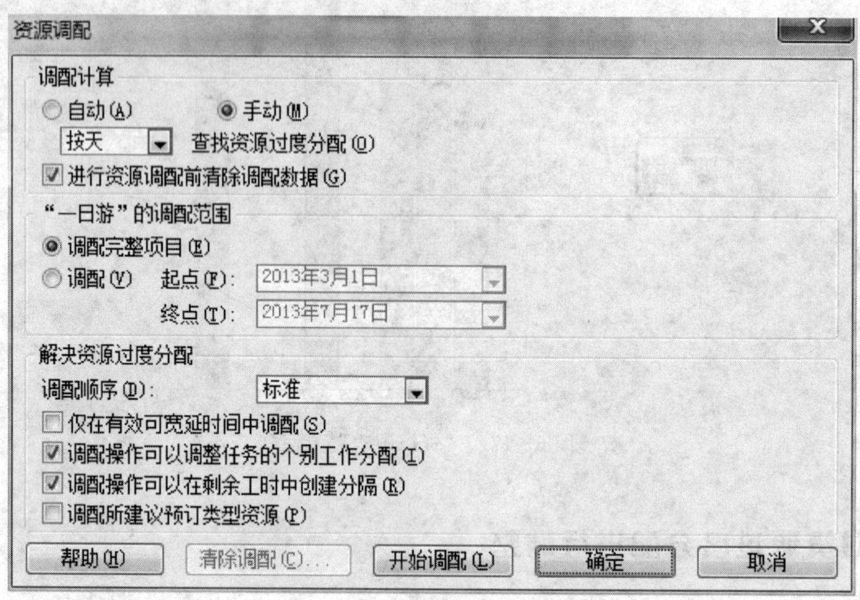

图 6-19 “资源调配”对话框

（3）参数设置完成后，单击“开始调配”按钮，将弹出“开始调配”对话框，如图 6-20 所示。

图 6-20 “开始调配”对话框

（4）选中“选定资源”单选框，单击“确定”按钮即可完成调配。但如果条件设置得太紧，无法完成调整，将弹出无法调整的提示框，如图 6-21 所示。

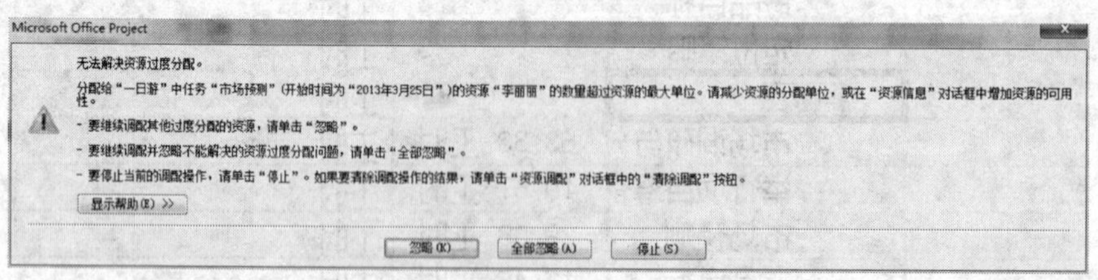

图 6-21 无法调整资源提示框

在此需要指出的是，使用以上“资源调配”方式，Project 2007 的做法是延长时间和分割任务。但这些做法在实际项目中并不可取，因此，需要采取其他方式来解决资源的过度分配问题。

6.5.2 解决资源过度分配的其他措施

除了通过“资源调配”功能来解决资源过度调配的问题外，Project 2007 还有其他多种方法解决这一问题。

1. 增加或替换资源

有些资源过度分配的原因在于资源量的不足，增加资源量是一个直接有效的解决问题的方法。增加资源最典型的做法是招聘人员或者采购资源。在图 6-22 中，“任务 2”和“任务 3”同时开始，并且都分配了资源“李丽丽”，如果此时“李丽丽”的单位为 100%，那么该资源必定是被过度分配。此时，如果我们新招聘了一个新资源“唐僧”，那么就可以增加资源分配解决这个问题。

	WBS	任务名称	工期	开始时间	完成时间	前置任务	资源名称
1	01	−	11 工作日	2013年3月1日	2013年3月15日		
2	01-1	内部专家评	5 工作日	2013年3月1日	2013年3月7日		
3	01-2	市场调研与	6.67 工作日	2013年3月1日	2013年3月11日		李丽丽, 孙猴子[50%], 彩纸[1]
4	01-3		1 工作日	2013年3月11日	2013年3月12日	2,3	外聘学者, 彩纸[1], 李丽丽
5	01-4	征求意见	3 工作日	2013年3月13日	2013年3月15日		
6	**02**	− **企划阶段**	**16 工作日**	**2013年3月18日**	**2013年4月8日**		
7	02-1	Swot分析	5 工作日	2013年3月18日	2013年3月22日		
8	02-2	市场预测	1.82 工作日	2013年3月25日	2013年3月26日	7	ipad4[3], 彩纸[3], 地方志[4], 李
9	02-3	产品目标	1.09 工作日	2013年3月26日	2013年3月27日	8	ipad4[3], 彩纸[3], 地方志[4], 李
10	02-4	定位策略	1.09 工作日	2013年3月29日	2013年4月1日	9	ipad4[3], 彩纸[3], 地方志[4], 李
11	02-5	目标市场	2 工作日	2013年4月1日	2013年4月3日	10	
12	02-6	市场营销组	5 工作日	2013年4月2日	2013年4月8日		
13	02-7	服务策略	3 工作日	2013年4月2日	2013年4月4日		
14	**03**	− **开发阶段**	**32 工作日**	**2013年4月10日**	**2013年5月23日**		
15	03-1	文化资源组	20 工作日	2013年4月10日	2013年5月9日		
16	03-2	路线开发	10 工作日	2013年5月10日	2013年5月23日	15	
17	03-3	服务商选择	10 工作日	2013年5月10日	2013年5月23日	15	
18	**04**	− **投放阶段**	**20 工作日**	**2013年5月15日**	**2013年6月11日**		
19	04-1	制作上市日	5 工作日	2013年5月15日	2013年5月21日		
20	04-2	规划宣传活	5 工作日	2013年5月22日	2013年5月28日	19	
21	04-3	整理嘉宾名	3 工作日	2013年5月22日	2013年5月24日	19	
22	04-4	公共关系	20 工作日	2013年5月15日	2013年6月11日		
23	**05**	− **验收阶段**	**99 工作日**	**2013年3月1日**	**2013年7月17日**		
24	05-1	财务总结	15 工作日	2013年6月10日	2013年6月28日		
25	05-2	市场调查与	25 工作日	2013年6月10日	2013年7月12日		
26	05-3	总结会	3 工作日	2013年7月15日	2013年7月17日	24,25	
27	05-4	任务完成	0 工作日	2013年3月1日	2013年3月1日		

图 6-22 资源的过度分配

具体操作如下：选中要修改资源的任务，执行“窗口”→“拆分”命令，打开任务窗体，如图 6-23 所示。在其中的“资源工时”工作表中，在“资源名称”域中将“李丽丽”改成“唐僧”，然后单击“确定”按钮即可。

2. 调整资源的单位

如果实际工作中没有条件增加资源，而资源又过度分配。此时可以通过调整资源的单位来协调。比如某人同时执行两个任务，可以让此人各分担 50%的精力去完成。就是在 Project 2007 中把这个资源的单位设成 50%。具体操作如下。

在“视图栏”中，打开“资源使用情况”视图，双击出现资源过度分配的任务，将出现“工作分配信息”对话框，如图 6-24 所示。

将“单位”改成 50%，单击“确定”按钮即可。也可以在“资源使用情况”视图中，双击过度分配的资源，将弹出“资源信息”对话框，如图 6-25 所示。

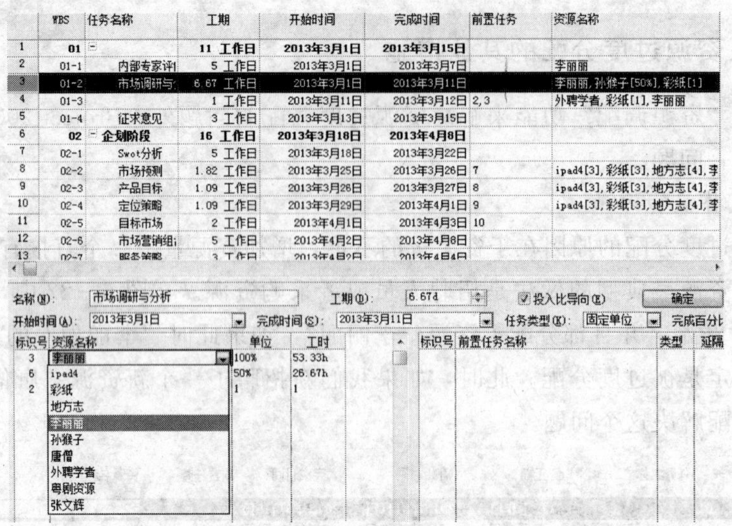

图 6－23　更改资源

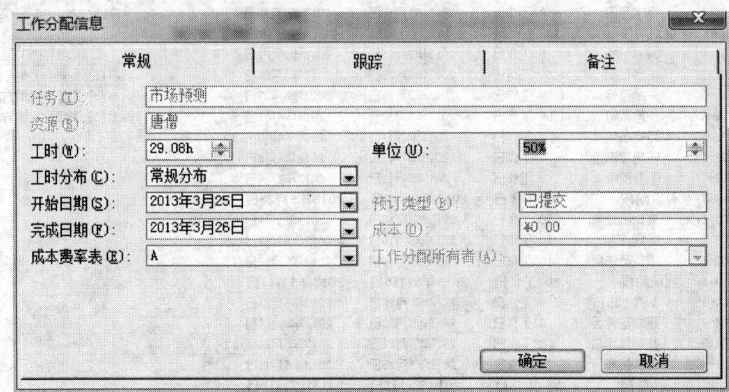

图 6－24　“工作分配信息”对话框

图 6－25　“资源信息”对话框

在“资源可用性”列表框中将单位从 100%修改成 300%，意即提高资源的单位工作时间质量，但在现实中未必可行。

解决资源过度分配的措施还有许多，如调整资源日历、推迟任务的开始时间以及设置资源加班工时等，在此不再赘述。

6.6　资源的管理

在一个实际项目中，资源数量往往很多。此时需要进行有效操作与管理。除了查看资源配置情况外，还包括资源的排序、筛选、替换删除以及资源的共享等。

6.6.1　资源的排序

Project 2007 提供了多种资源排序的方式。这让我们可以很方便地查看相关的资源情况。下面介绍资源排序的方法和步骤。

(1) 执行“视图”→“资源工作表”命令，切换到“资源工作表”视图。

(2) 选择“项目”→“排序”命令，选择排序方式，如选择“按名称”，如图 6-26 所示。还可以选择“按成本”、“按标识号”等来进行排序。

	❶	资源名称	类型	材料标签	缩写	组
5		ipad4	材料		i	
2		彩纸	材料		彩	
7		地方志	材料		地	
3		李丽丽	工时		李	
6		孙猴子	工时		孙	
9		唐僧	工时		唐	
1		外聘学者	工时		外	
8		粤剧资源	材料		粤	
4		张文辉	工时		张	

图 6-26　“按名称”资源排序

(3) 执行“项目”→“排序”→“排序依据”命令，将弹出“排序”对话框，如图 6-27所示。

在上图中，可以设置关键字，还可以设置升序或降序，如果选择了“永久重新编号资源”复选框，资源原来的标识号将被修改，并且不会保存。

6.6.2　资源的筛选

Project 2007 中提供了“资源筛选”功能。该功能可以使我们方便地选择和查看某一特定属性的资源。下面介绍其操作步骤。

(1) 执行“视图”→“资源工作表”命令，打开“资源工作表”视图。

(2) 执行“项目”→“筛选”命令，从弹出的子菜单中选择相应的筛选命令，如选择“资源—材料”命令，则“资源工作表”视图中只显示“材料”类资源，如图 6-28 所示。

Project 2007 提供的筛选功能很多，可以依据需要选择运用。

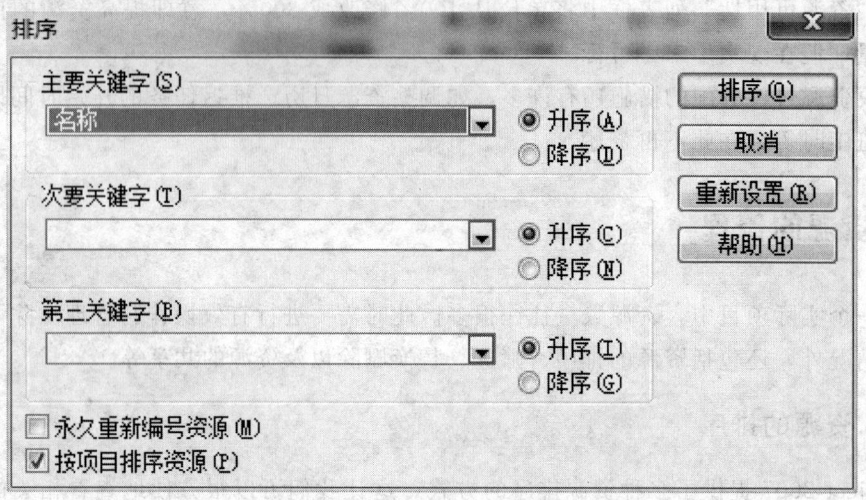

图 6-27 “排序”对话框

	❶	资源名称	类型	材料标签	缩写	组
5		ipad4	材料		i	
2		彩纸	材料		彩	
7		地方志	材料		地	
8		粤剧资源	材料		粤	

图 6-28 筛选出来的“材料”资源

6.6.3 资源的共享

资源的共享就是让一个项目文件的资源可以应用到其他项目文件中去，Project 2007 提供了“资源共享”功能可以实现。下面介绍其操作步骤。

执行“工具”→“资源共享”→“共享资源”命令，将弹出“资源共享”对话框，如图 6-29 所示。

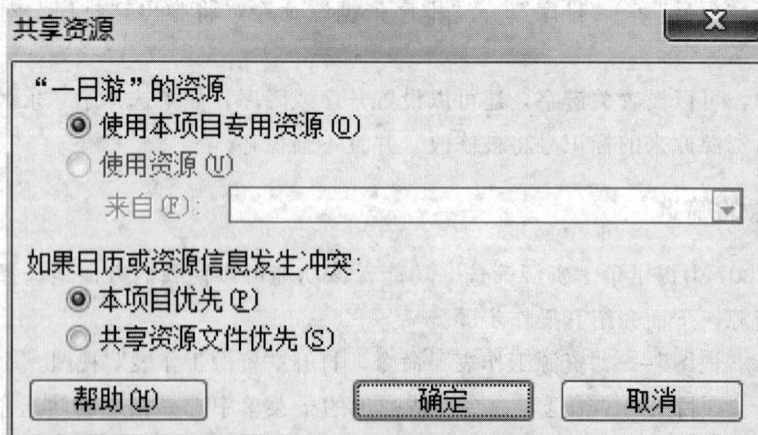

图 6-29 “资源共享”对话框

如果使用共享资源，则选择“使用资源”单选按钮，此时的按钮处于不可选用状态，说明还没有可以共享使用的资源。

在“如果日历或资源信息发生冲突”下有两个选项：①“本项目优先”，是指如果本项目资源和共享资源发生冲突，则本项目资源优先使用；②“共享资源文件优先”，是指如果本项目资源和共享资源发生冲突，则共享资源优先。

6.7 资源计划的编制完成与输出

在资源配置操作完成之后，就可以完成资源计划的编制工作。而资源计划编制完成之后，还要进行资源计划的相关输出工作。

6.7.1 报表输出

报表输出是资源计划输出的常用方式，下面介绍其操作步骤。

执行“报表”→“报表”命令，将弹出“报表”对话框，如图 6-30 所示。在图中，选择“工作分配”图表，双击后出现“工作分配报表”对话框，如图 6-31 所示。双击“谁在何时做什么”图表，将弹出如图 6-32 所示的界面，在其中清楚列出了每个资源何时做了哪些工作，很直观地反映了项目的资源任务工作情况。

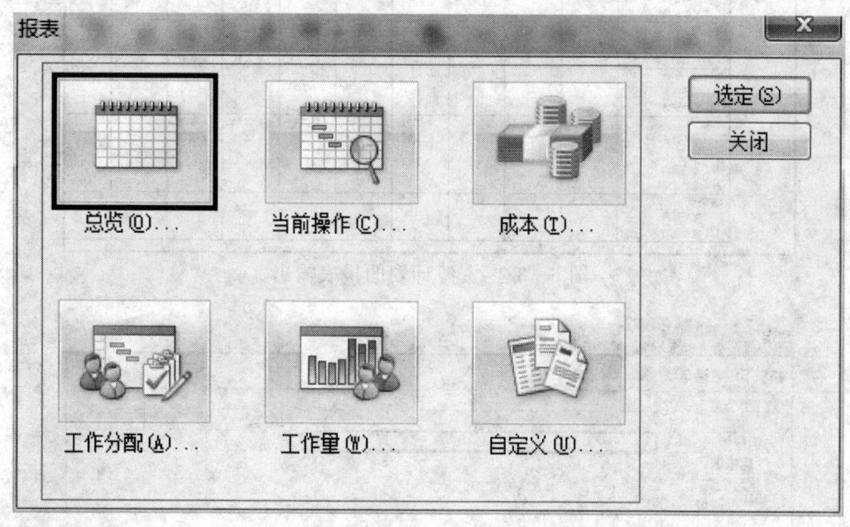

图 6-30 “报表”对话框

6.7.2 资源计划的“甘特图”输出

除了常见的报表输出以外，还有一种资源输出的方式是资源计划的“甘特图”分组方式的输出。下面介绍其操作步骤。

打开“甘特图”视图，执行“项目”→“分组依据”→“自定义组”命令，将弹出“自定义组”对话框，如图 6-33 所示。

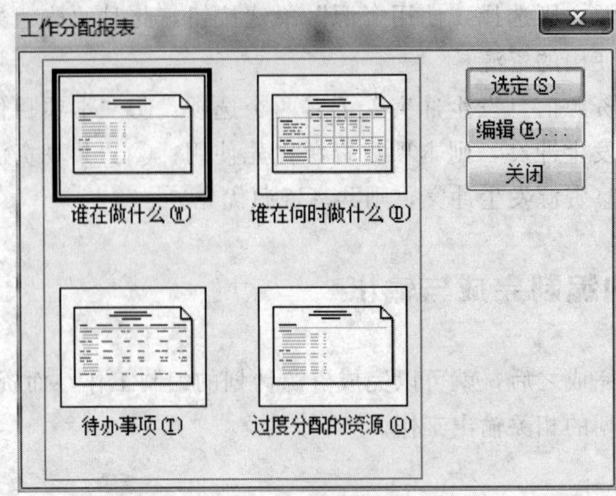

图 6-31 “工作分配报表”对话框

面设置(S)... 打印(P)... 关闭(C) 帮助(H)

谁在何时做什么 打印于 2013年5月17日
一日游

	3/1	3/2	3/3	3/4	3/5	3/6	3/7	3/8	3/9	3/10
外聘学者										
市场预测										
定位策略										
李丽丽	8 工时			8 工时	8 工时	8 工时	8 工时	8 工时		
内部专家评估	4 工时			4 工时	4 工时	4 工时	4 工时	4 工时		
市场调研与分析	4 工时			4 工时	4 工时	4 工时	4 工时	4 工时		
张文辉										
市场预测										
定位策略										
孙颖子	4 工时			4 工时	4 工时	4 工时	4 工时	4 工时		
市场调研与分析	4 工时			4 工时	4 工时	4 工时	4 工时	4 工时		
市场预测										
定位策略										
唐僧										
市场预测										
定位策略										

图 6-32 资源计划的报表输出

自定义组

按以下域分组(B):

	域名称	域类型	顺序
分组依据			
然后依据			
然后依据			

□组分配信息，而不是任务分配信息(A)

分组设置

字体: 宋体 9 pt, 正常　字体(F)...

单元格背景(C): □ 白色

图案(P):

定义分组间隔(G)...

□显示摘要任务(W)

保存(S)... 重新设置(R) 帮助(H) 确定 取消

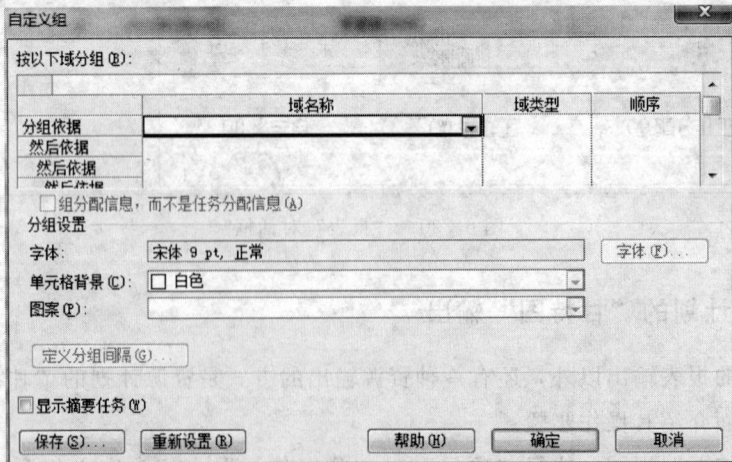

图 6-33 “自定义组”对话框

在“分组依据”后“域名称”下拉列表中找到并选中“资源名称”选项，如图 6－34 所示。

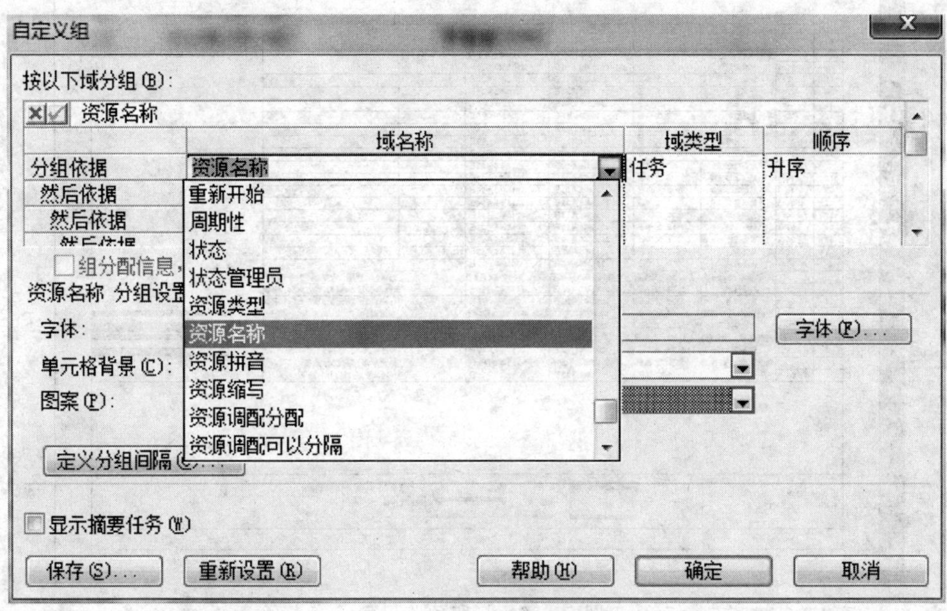

图 6－34　选中“资源名称”

单击“确定”按钮，“甘特图”将发生变化，如图 6－35 所示。

	WBS	任务名称	工期	开始时间	完成时间	前置任务	资源名称
		⊟ 资源名称：空	**99 工作日**	**2013年3月1日**	**2013年7月17日**		
5	01-4	征求意见	3 工作日	2013年3月13日	2013年3月15日		
7	02-1	Swot分析	5 工作日	2013年3月18日	2013年3月22日		
9	02-3	产品目标	1.09 工作日	2013年3月26日	2013年3月27日	8	
11	02-5	目标市场	2 工作日	2013年4月4日	2013年4月8日	10	
12	02-6	市场营销组	5 工作日	2013年4月2日	2013年4月8日		
13	02-7	服务策略	3 工作日	2013年4月2日	2013年4月4日		
15	03-1	文化资源组	20 工作日	2013年4月10日	2013年5月9日		
16	03-2	路线开发	10 工作日	2013年5月10日	2013年5月23日	15	
17	03-3	服务商选择	10 工作日	2013年5月10日	2013年5月23日	15	
19	04-1	制作上市日	5 工作日	2013年5月15日	2013年5月21日		
20	04-2	规划宣传活	5 工作日	2013年5月22日	2013年5月28日	19	
21	04-3	整理嘉宾名	3 工作日	2013年5月22日	2013年5月24日	19	
22	04-4	公共关系	20 工作日	2013年5月15日	2013年6月11日		
24	05-1	财务总结	15 工作日	2013年6月10日	2013年6月28日		
25	05-2	市场调查与	25 工作日	2013年6月10日	2013年7月12日		
26	05-3	总结会	3 工作日	2013年7月15日	2013年7月17日	24, 25	
27	05-4	任务完成	0 工作日	2013年3月1日	2013年3月1日		
		⊟ 资源名称：ip	**8.36 工作日**	**2013年3月25日**	**2013年4月4日**		**ipad4, 彩纸, 地方志, 孙猴子,**
8	02-2	市场预测	1.82 工作日	2013年3月25日	2013年3月26日	7	ipad4[3], 彩纸[3], 地方志[4], 孙
10	02-4	定位策略	4.36 工作日	2013年3月29日	2013年4月4日	9	ipad4[3], 彩纸[3], 地方志[4], 孙
		⊟ 资源名称：李	**10 工作日**	**2013年3月1日**	**2013年3月14日**		**李丽丽**
2	01-1	内部专家评	10 工作日	2013年3月1日	2013年3月14日		李丽丽[50%]
		⊟ 资源名称：李	**13.33 工作日**	**2013年3月1日**	**2013年3月20日**		**李丽丽, 孙猴子, 彩纸**
3	01-2	市场调研与	13.33 工作日	2013年3月1日	2013年3月20日		李丽丽[50%], 孙猴子[50%], 彩纸
		⊟ 资源名称：外	**1 工作日**	**2013年3月20日**	**2013年3月21日**		**外聘学者, 彩纸, 孙猴子**
4	01-3		1 工作日	2013年3月20日	2013年3月21日	2, 3	外聘学者, 彩纸[1], 孙猴子

图 6－35　“甘特图”变化后的状态

执行“文件”→“打印预览”命令，显示效果如图 6-36 所示。

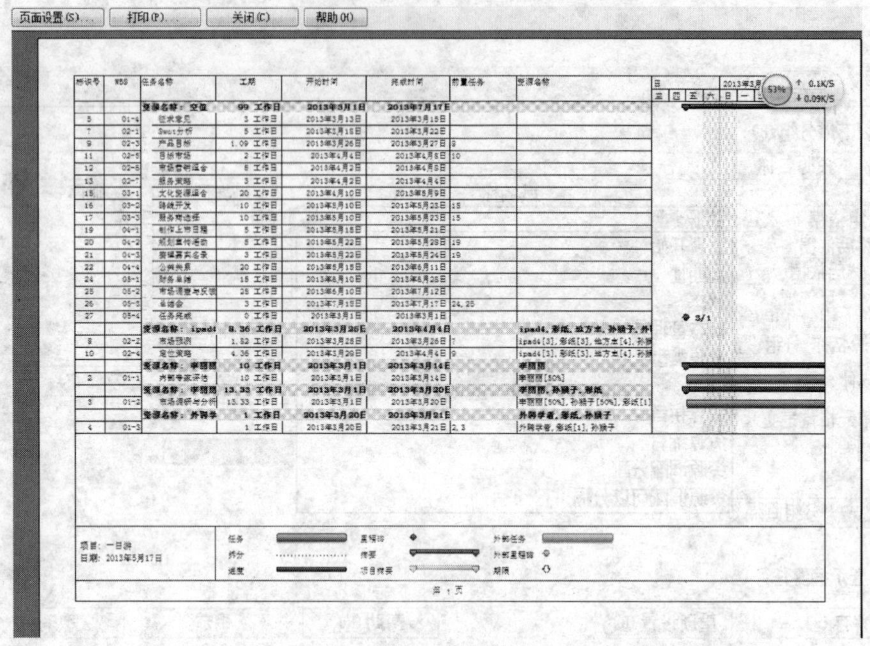

标识号	WBS	任务名称	工期	开始时间	完成时间	前置任务	资源名称
		资源名称：空值	**99 工作日**	**2013年3月1日**	**2013年7月17日**		
5	01-4	征求意见	3 工作日	2013年3月13日	2013年3月15日		
7	02-1	Swot分析	5 工作日	2013年3月18日	2013年3月22日		
9	02-3	产品目标	1.09 工作日	2013年3月26日	2013年3月27日	8	
11	02-5	目标市场	2 工作日	2013年4月4日	2013年4月8日	10	
12	02-6	市场营销组合	6 工作日	2013年4月2日	2013年4月9日		
13	02-7	服务策略	3 工作日	2013年4月2日	2013年4月4日		
15	03-1	文化资源组合	20 工作日	2013年4月10日	2013年5月9日		
16	03-2	路线开发	10 工作日	2013年5月10日	2013年5月23日	15	
17	03-3	服务商选择	10 工作日	2013年5月10日	2013年5月23日	15	
19	04-1	制作上市日程	5 工作日	2013年5月15日	2013年5月21日		
20	04-2	规划宣传活动	5 工作日	2013年5月22日	2013年5月28日	19	
21	04-3	撰写嘉宾名录	3 工作日	2013年5月22日	2013年5月24日	19	
22	04-4	公共关系	20 工作日	2013年5月15日	2013年6月11日		
24	05-1	财务监控	15 工作日	2013年6月10日	2013年6月28日		
25	05-2	市场调查与反馈	25 工作日	2013年6月10日	2013年7月12日		
26	05-3	总结会	3 工作日	2013年7月15日	2013年7月17日	24, 25	
27	05-4	任务完成	0 工作日	2013年3月1日	2013年3月1日		
		资源名称：ipad4	**8.36 工作日**	**2013年3月26日**	**2013年4月4日**		**ipad4、彩纸、地方志、孙猴子、外**
8	02-2	市场预测	1.82 工作日	2013年3月25日	2013年3月26日	7	ipad4[3]，彩纸[3]，地方志[4]，孙
10	02-4	定位策略	4.36 工作日	2013年3月29日	2013年4月4日	9	ipad4[3]，彩纸[3]，地方志[4]，孙
		资源名称：李丽丽	**10 工作日**	**2013年3月1日**	**2013年3月14日**		**李丽丽**
2	01-1	内部专家评估	10 工作日	2013年3月1日	2013年3月14日		李丽丽[50%]
		资源名称：李丽丽	**13.33 工作日**	**2013年3月1日**	**2013年3月20日**		**李丽丽、孙猴子、彩纸**
3	01-2	市场调研与分析	13.33 工作日	2013年3月1日	2013年3月20日		李丽丽[50%]，孙猴子[50%]，彩纸[1]
		资源名称：外聘学	**1 工作日**	**2013年3月20日**	**2013年3月21日**		**外聘学者、彩纸、孙猴子**
4	01-3		1 工作日	2013年3月20日	2013年3月21日	2, 3	外聘学者，彩纸[1]，孙猴子

图 6-36　打印预览界面

可以看出，上图也可以直观地显示出项目资源任务执行和使用的情况，我们可以打印出来以完成资源计划的输出工作。

课后思考题

1. 在 Project 2007 中共有哪几类资源类型？并试着举例说明。
2. 在 Project 2007 中如何解决资源过度分配的问题？

第7章
项目成本计划编制与管理

本章学习要点：

了解 Project 2007 中项目成本的分类。

熟练掌握成本资源的设置和使用。

熟练掌握资源成本费率和累算方式的设置。

熟练掌握任务成本的设置及计算。

项目的三要素是时间、质量和成本，可见成本计划管理对于项目的重要性。在文化产业项目中，成本多表现为“沉没成本”。因此，文化产业项目更要注重成本的计划管理，以防止“沉没成本”的发生。

Project 2007 可以轻易管理和监控项目中的成本。这可以让项目主管更方便地完成项目成本计划管理。本章将介绍在 Project 2007 环境中的成本类别、成本使用方式、成本的计算以及成本计划的输出等。

7.1 项目成本的分类

在 Project 2007 中，一般成本可以分为两类：资源成本和固定成本，这两类成本相加之和即为总成本。所谓的资源成本是工时资源成本、材料资源成本和成本资源成本三者相加之和。

7.1.1 成本域的插入

在 Project 2007 中，默认状态下，“甘特图”视图中所呈现的域并不包含所谓的“成本”域。所以，在进行成本操作之前，要将“成本”域插入进来。下面介绍其操作步骤。

执行“视图”→“甘特图”命令，打开“甘特图”视图界面，选取“工期”域右击，从弹出的快捷菜单中单击“插入列”命令，将弹出“列定义”对话框，如图 7-1 所示。

在“域名称”下拉列表中选中“成本”选项，并按需要设置好其他属性后，单击“确定”按钮，出现如图 7-2 所示的界面。

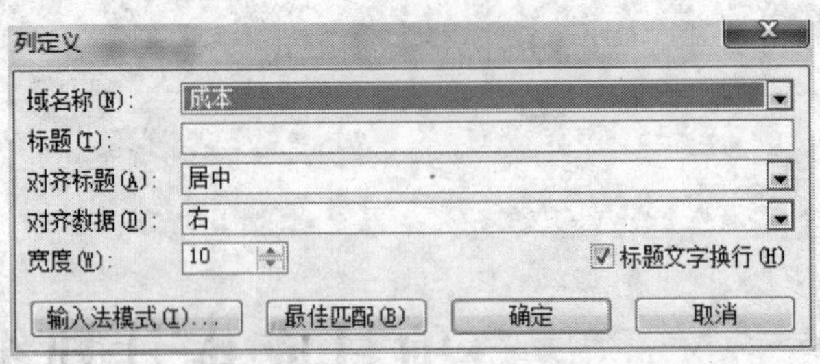

图 7－1　“列定义”对话框

	WBS	任务名称	成本	工期	开始时间	完成时间
		⊟ 资源名称：空	¥0.00	99 工作日	2013年3月1日	2013年7月1
5	01-4	征求意见	¥0.00	3 工作日	2013年3月13日	2013年3月1
7	02-1	Swot分析	¥0.00	5 工作日	2013年3月18日	2013年3月2
9	02-3	产品目标	¥0.00	1.09 工作日	2013年3月26日	2013年3月2
11	02-5	目标市场	¥0.00	2 工作日	2013年4月4日	2013年4月
12	02-6	市场营销组	¥0.00	5 工作日	2013年4月2日	2013年4月
13	02-7	服务策略	¥0.00	3 工作日	2013年4月2日	2013年4月
15	03-1	文化资源组	¥0.00	20 工作日	2013年4月10日	2013年5月
16	03-2	路线开发	¥0.00	10 工作日	2013年5月10日	2013年5月2
17	03-3	服务商选择	¥0.00	10 工作日	2013年5月10日	2013年5月2
19	04-1	制作上市日	¥0.00	5 工作日	2013年5月15日	2013年5月2

图 7－2　显示插入的“成本”域界面

可以看出，在所选中的“工期”域之前插入了“成本”域。该“成本”域所显示的数字皆为 0，这是由于尚未为任务、资源、工作分配等设置成本。

以同样的方式，还可以插入“成本”、“剩余成本”和“固定成本”等域，如图 7－3 所示。

	WBS	任务名称	成本	固定成本	剩余成本	工期	开始
		⊟ 资源名称：空	¥0.00	¥0.00	¥0.00	99 工作日	2013
5	01-4	征求意见	¥0.00	¥0.00	¥0.00	3 工作日	2013
7	02-1	Swot分析	¥0.00	¥0.00	¥0.00	5 工作日	2013
9	02-3	产品目标	¥0.00	¥0.00	¥0.00	1.09 工作日	2013
11	02-5	目标市场	¥0.00	¥0.00	¥0.00	2 工作日	201
12	02-6	市场营销组	¥0.00	¥0.00	¥0.00	5 工作日	201
13	02-7	服务策略	¥0.00	¥0.00	¥0.00	3 工作日	201
15	03-1	文化资源组	¥0.00	¥0.00	¥0.00	20 工作日	2013
16	03-2	路线开发	¥0.00	¥0.00	¥0.00	10 工作日	2013
17	03-3	服务商选择	¥0.00	¥0.00	¥0.00	10 工作日	2013
19	04-1	制作上市日	¥0.00	¥0.00	¥0.00	5 工作日	2013
20	04-2	规划宣传活	¥0.00	¥0.00	¥0.00	5 工作日	2013
21	04-3	整理嘉宾名	¥0.00	¥0.00	¥0.00	3 工作日	2013
22	04-4	公共关系	¥0.00	¥0.00	¥0.00	20 工作日	2013
24	05-1	财务总结	¥0.00	¥0.00	¥0.00	15 工作日	2013
25	05-2	市场调查与	¥0.00	¥0.00	¥0.00	25 工作日	2013
26	05-3	总结会	¥0.00	¥0.00	¥0.00	3 工作日	2013
27	05-4	任务完成	¥0.00	¥0.00	¥0.00	0 工作日	201

图 7－3　插入的成本域

7.1.2 域的隐藏

在项目的进程之中，“甘特图”视图中的域往往不断增加，这使得“甘特图”视图变得臃肿不利于直观地查看。此时，可以隐藏一些不需要的域来解决这一问题。

在 Project 2007 中，隐藏域的操作十分简单，如图 7-4 所示，其中的域很多，可以选择“工期”、“开始时间”、“结束时间”等域，执行“编辑”→“隐藏列”命令，显示结果如图 7-5 所示。

	WBS	任务名称	成本	固定成本	剩余成本	工期	开始时间	完成时间	前置任务	资源名称
		⊟ 资源名称：空	¥0.00	¥0.00	¥0.00	99 工作日	2013年3月1日	2013年7月17日		
5	01-4	征求意见	¥0.00	¥0.00	¥0.00	3 工作日	2013年3月13日	2013年3月15日		
7	02-1	Swot分析	¥0.00	¥0.00	¥0.00	5 工作日	2013年3月18日	2013年3月22日		
9	02-3	产品目标	¥0.00	¥0.00	¥0.00	1.09 工作日	2013年3月26日	2013年3月27日	8	
11	02-5	目标市场	¥0.00	¥0.00	¥0.00	2 工作日	2013年4月4日	2013年4月8日	10	
12	02-6	市场营销组i	¥0.00	¥0.00	¥0.00	5 工作日	2013年4月2日	2013年4月8日		
13	02-7	服务策略	¥0.00	¥0.00	¥0.00	3 工作日	2013年4月2日	2013年4月4日		
15	03-1	文化资源组i	¥0.00	¥0.00	¥0.00	20 工作日	2013年4月10日	2013年5月9日		
16	03-2	路线开发	¥0.00	¥0.00	¥0.00	10 工作日	2013年5月10日	2013年5月23日	15	
17	03-3	服务商选择	¥0.00	¥0.00	¥0.00	10 工作日	2013年5月10日	2013年5月23日	15	
19	04-1	制作上市日	¥0.00	¥0.00	¥0.00	5 工作日	2013年5月15日	2013年5月21日		
20	04-2	规划宣传活	¥0.00	¥0.00	¥0.00	5 工作日	2013年5月22日	2013年5月28日	19	
21	04-3	整理嘉宾名	¥0.00	¥0.00	¥0.00	3 工作日	2013年5月22日	2013年5月24日	19	
22	04-4	公共关系	¥0.00	¥0.00	¥0.00	20 工作日	2013年5月15日	2013年6月11日		
24	05-1	财务总结	¥0.00	¥0.00	¥0.00	15 工作日	2013年6月10日	2013年6月28日		
25	05-2	市场调查与l	¥0.00	¥0.00	¥0.00	25 工作日	2013年6月10日	2013年7月12日		
26	05-3	总结会	¥0.00	¥0.00	¥0.00	3 工作日	2013年7月15日	2013年7月17日	24,25	
27	05-4	任务完成	¥0.00	¥0.00	¥0.00	0 工作日	2013年3月1日	2013年3月1日		
		⊟ 资源名称：ip	¥0.00	¥0.00	¥0.00	8.36 工作日	2013年3月25日	2013年4月4日		ipad4，彩红
8	02-2	市场预测	¥0.00	¥0.00	¥0.00	1.82 工作日	2013年3月25日	2013年3月26日	7	ipad4[3]，彩
10	02-4	定位策略	¥0.00	¥0.00	¥0.00	4.36 工作日	2013年3月29日	2013年4月4日	9	ipad4[3]，彩
		⊟ 资源名称：李	¥0.00	¥0.00	¥0.00	10 工作日	2013年3月1日	2013年3月14日		李丽丽
2	01-1	内部专家评	¥0.00	¥0.00	¥0.00	10 工作日	2013年3月1日	2013年3月14日		李丽丽[50%]

图 7-4 选择要隐藏的域

	WBS	任务名称	成本	固定成本	剩余成本	前置任务	资源名称
		⊟ 资源名称：空	¥0.00	¥0.00	¥0.00		
5	01-4	征求意见	¥0.00	¥0.00	¥0.00		
7	02-1	Swot分析	¥0.00	¥0.00	¥0.00		
9	02-3	产品目标	¥0.00	¥0.00	¥0.00	8	
11	02-5	目标市场	¥0.00	¥0.00	¥0.00	10	
12	02-6	市场营销组i	¥0.00	¥0.00	¥0.00		
13	02-7	服务策略	¥0.00	¥0.00	¥0.00		
15	03-1	文化资源组i	¥0.00	¥0.00	¥0.00		
16	03-2	路线开发	¥0.00	¥0.00	¥0.00	15	
17	03-3	服务商选择	¥0.00	¥0.00	¥0.00	15	
19	04-1	制作上市日	¥0.00	¥0.00	¥0.00		
20	04-2	规划宣传活	¥0.00	¥0.00	¥0.00	19	
21	04-3	整理嘉宾名	¥0.00	¥0.00	¥0.00	19	
22	04-4	公共关系	¥0.00	¥0.00	¥0.00		
24	05-1	财务总结	¥0.00	¥0.00	¥0.00		
25	05-2	市场调查与l	¥0.00	¥0.00	¥0.00		
26	05-3	总结会	¥0.00	¥0.00	¥0.00	24,25	
27	05-4	任务完成	¥0.00	¥0.00	¥0.00		
		⊟ 资源名称：ip	¥0.00	¥0.00	¥0.00		ipad4，彩红
8	02-2	市场预测	¥0.00	¥0.00	¥0.00	7	ipad4[3]，彩

图 7-5 域隐藏后的界面

7.2 成本资源的设置及使用

前文已知，在 Project 2007 中，成本资源是指诸如“差旅费”、“交通费”、“住宿费”、“通信费”等类别的费用。

7.2.1 成本资源类型的设置

执行“视图”→“资源工作表”命令，切换到“资源工作表”视图，在其中可以新建和设置成本资源类型，如图 7-6 所示。

		资源名称	类型	材料标签	缩写	组	最大单位	标准费率	加班
5		ipad4	材料		i			¥0.00	
2		彩纸	材料		彩			¥0.00	
7		地方志	材料		地			¥0.00	
3		李丽丽	工时		李		100%	¥0.00/工时	¥0.
6		孙猴子	工时		孙		100%	¥0.00/工时	¥0.
9		唐僧	工时		唐		300%	¥0.00/工时	¥0.
1		外聘学者	工时		外		100%	¥0.00/工时	¥0.
8		粤剧资源	材料		粤			¥0.00	
4		张文辉	工时		张		200%	¥0.00/工时	¥0.
10		交通费	成本		交				
11		通信费	成本		通				
12		差旅费	成本		差				
13		招待费	成本		招		100%	¥0.00/工时	¥0.

工时
材料
成本

图 7-6　成本资源类型的设置

7.2.2 成本资源的使用

设置好成本资源之后，还要使用这些资源。也就是在成本资源和任务之间建立起联系。下面介绍其操作步骤。

执行“视图”→“甘特图”命令，切换到“甘特图”界面。选中并双击需要分配成本资源的任务，将弹出“任务信息”对话框，如图 7-7 所示。

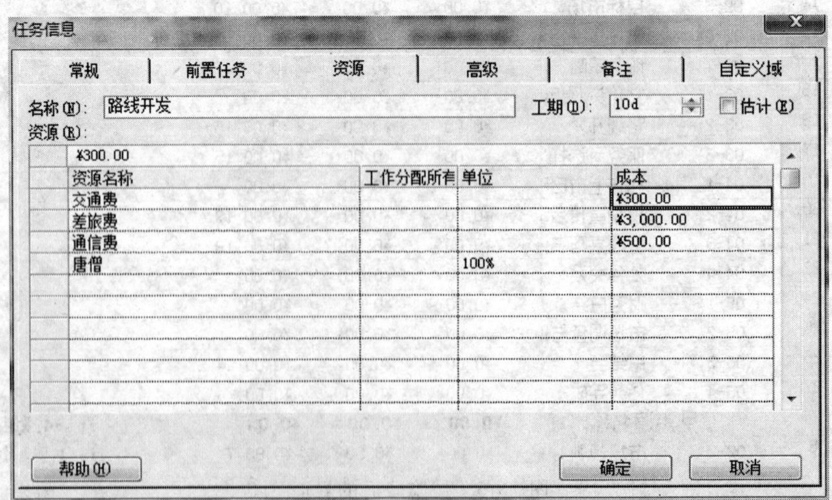

图 7-7　“任务信息”对话框

打开“资源”选项卡，添加“交通费”、“差旅费”等成本资源，并输入具体的数值，然后单击“确定”按钮，将显示如图 7－8 所示的“甘特图”界面。

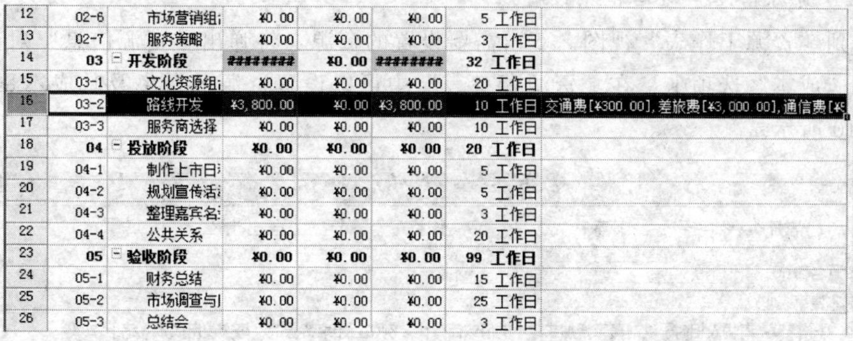

12	02-6	市场营销组	¥0.00	¥0.00	¥0.00	5 工作日	
13	02-7	服务策略	¥0.00	¥0.00	¥0.00	3 工作日	
14	**03**	**− 开发阶段**	**#######**	**¥0.00**	**#######**	**32 工作日**	
15	03-1	文化资源组	¥0.00	¥0.00	¥0.00	20 工作日	
16	03-2	路线开发	¥3,800.00	¥0.00	¥3,800.00	10 工作日	交通费[¥300.00],差旅费[¥3,000.00],通信费[¥
17	03-3	服务商选择	¥0.00	¥0.00	¥0.00	10 工作日	
18	**04**	**− 投放阶段**	**¥0.00**	**¥0.00**	**¥0.00**	**20 工作日**	
19	04-1	制作上市日	¥0.00	¥0.00	¥0.00	5 工作日	
20	04-2	规划宣传活	¥0.00	¥0.00	¥0.00	5 工作日	
21	04-3	整理嘉宾名	¥0.00	¥0.00	¥0.00	3 工作日	
22	04-4	公共关系	¥0.00	¥0.00	¥0.00	20 工作日	
23	**05**	**− 验收阶段**	**¥0.00**	**¥0.00**	**¥0.00**	**99 工作日**	
24	05-1	财务总结	¥0.00	¥0.00	¥0.00	15 工作日	
25	05-2	市场调查与	¥0.00	¥0.00	¥0.00	25 工作日	
26	05-3	总结会	¥0.00	¥0.00	¥0.00	3 工作日	

图 7－8 成本资源分配显示界面

在上面的界面中可以看到，在“路线开发”任务列中显示出了被分配的各种成本资源及其数值。

7.3 资源成本费率和累算方式的设置

在 Project 2007 中，计算项目成本的一般方法是先给资源指定成本，即为资源设置费率，然后根据费率计算出预算成本。Project 2007 中设置了 3 种不同的成本累算方式：

(1) 按比例：按照任务的完成比例来计算成本的实际消耗。

(2) 开始：任务一旦开始，成本就全部计入实际消耗。

(3) 完成：任务完成 100%之后，成本才全部计入实际消耗。

在 Project 2007 中，资源的费率包括标准费率、加班费率和每次使用成本。设置费率的方式也很多，下面介绍其操作步骤。

1. 在资源工作表中输入

执行“视图”→“资源工作表”命令，切换到“资源工作表”视图，如图 7－9 所示。

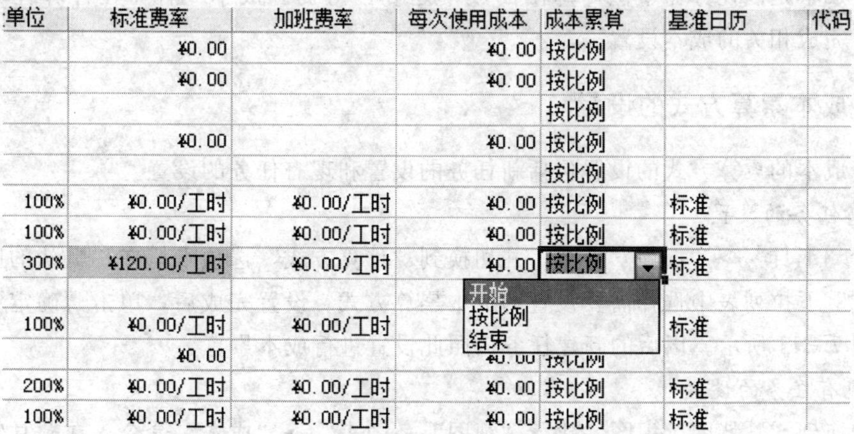

单位	标准费率	加班费率	每次使用成本	成本累算	基准日历	代码
	¥0.00		¥0.00	按比例		
	¥0.00		¥0.00	按比例		
				按比例		
	¥0.00		¥0.00	按比例		
				按比例		
100%	¥0.00/工时	¥0.00/工时	¥0.00	按比例	标准	
100%	¥0.00/工时	¥0.00/工时	¥0.00	按比例	标准	
300%	¥120.00/工时	¥0.00/工时	¥0.00	按比例	标准	
			开始			
100%	¥0.00/工时	¥0.00/工时	按比例		标准	
	¥0.00		结束			
200%	¥0.00/工时	¥0.00/工时	¥0.00	按比例	标准	
100%	¥0.00/工时	¥0.00/工时	¥0.00	按比例	标准	

图 7－9 “资源工作表”中的资源费率

也可以直接在每种“资源费率”对应的栏目中输入相应的值，即完成“资源费率”的设置。在“成本累算”栏目中选择和设置其累算方式。

2. 在“资源信息”对话框中设置

切换到“资源工作表”视图。双击需要设置的资源，将弹出“资源信息”对话框。选择其中的“成本”选项卡，在“资源费率表”中可以设置资源的费率及其成本累算方式，如图 7-10 所示。

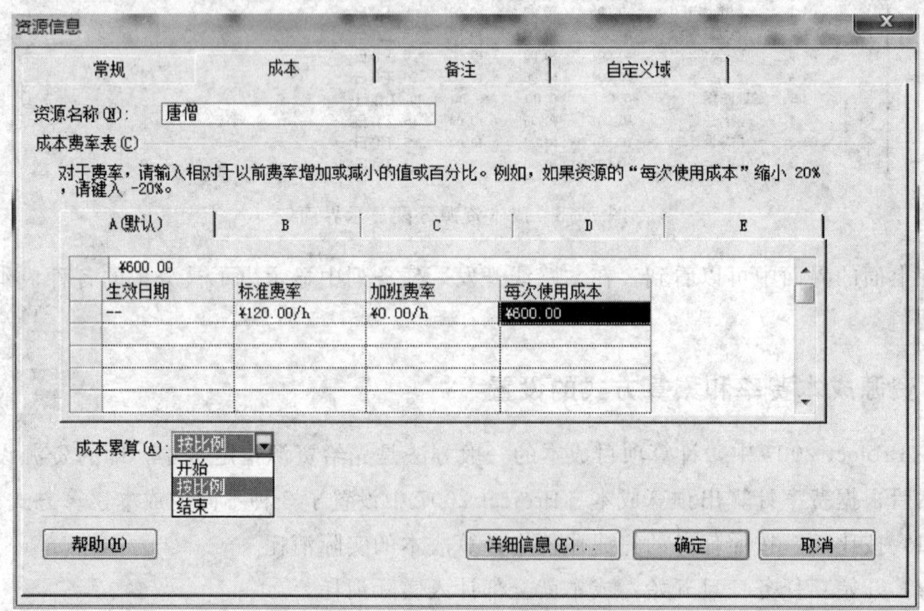

图 7-10 在“资源信息”对话框中设置资源费率

7.4 任务成本的设置及计算

任务成本是以任务为单位计算出的成本之和。与资源成本一样，在计算任务成本之前，也要完成相关的成本设置。

7.4.1 成本累算方式的设置

任务成本的累算方式的设置包括新任务的设置和现有任务的设置。

1. 新任务的设置

执行“工具”→“选项”命令，并切换到“计算方式”选项卡，在“默认的固定成本累算方式”下拉列表中选择需要设置的成本累算方式。设置完成后，单击“确定”按钮即可，如图 7-11 所示。以后的新建任务依照此设置进行成本累算。

2. 现有任务的设置

先切换到“甘特图”视图，执行“视图”→“表”→“成本”命令，在“甘特图”中显示的“固定成本累算”栏中选择并设置其累算方式，如图 7-12 所示。

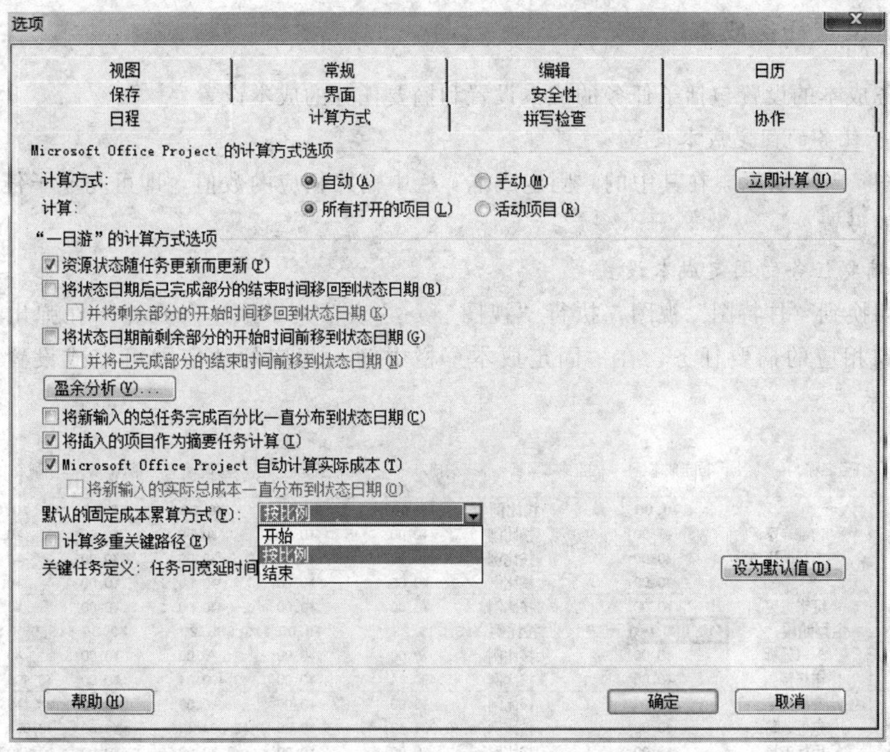

图 7-11 设置新任务的成本累算方式

	任务名称	固定成本	固定成本累算	总成本	比较基准	差异	实际	剩余
1	⊟	**¥0.00**	**按比例**	**¥0.00**	**¥0.00**	**¥0.00**	**¥0.00**	**¥0.00**
2	内部专家评估	¥0.00	按比例	¥0.00	¥0.00	¥0.00	¥0.00	¥0.00
3	市场调研与分	¥0.00	按比例	¥0.00	¥0.00	¥0.00	¥0.00	¥0.00
4		¥0.00	按比例	¥0.00	¥0.00	¥0.00	¥0.00	¥0.00
5	征求意见	¥0.00	按比例	¥0.00	¥0.00	¥0.00	¥0.00	¥0.00
6	⊟ **企划阶段**	**¥0.00**	**按比例**	**¥5,585.29**	**¥0.00**	**¥5,585.29**	**¥0.00**	**¥5,585.29**
7	Swot分析	¥0.00	按比例	¥0.00	¥0.00	¥0.00	¥0.00	¥0.00
8	市场预测	¥0.00	按比例	¥3,490.84	¥0.00	¥3,490.84	¥0.00	¥3,490.84
9	产品目标	¥0.0	开始	¥0.00	¥0.00	¥0.00	¥0.00	¥0.00
10	定位策略	¥0.0	按比例	¥2,094.45	¥0.00	¥2,094.45	¥0.00	¥2,094.45
11	目标市场	¥0.00	结束	¥0.00	¥0.00	¥0.00	¥0.00	¥0.00
12	市场营销组合	¥0.00	按比例	¥0.00	¥0.00	¥0.00	¥0.00	¥0.00
13	服务策略	¥0.00	按比例	¥0.00	¥0.00	¥0.00	¥0.00	¥0.00
14	⊟ **开发阶段**	**¥0.00**	**按比例**	**¥13,400.00**	**¥0.00**	**¥13,400.00**	**¥0.00**	**¥13,400.00**
15	文化资源组合	¥0.00	按比例	¥0.00	¥0.00	¥0.00	¥0.00	¥0.00
16	路线开发	¥0.00	按比例	¥13,400.00	¥0.00	¥13,400.00	¥0.00	¥13,400.00
17	服务商选择	¥0.00	按比例	¥0.00	¥0.00	¥0.00	¥0.00	¥0.00
18	⊟ **投放阶段**	**¥0.00**	**按比例**	**¥0.00**	**¥0.00**	**¥0.00**	**¥0.00**	**¥0.00**
19	制作上市日程	¥0.00	按比例	¥0.00	¥0.00	¥0.00	¥0.00	¥0.00
20	规划宣传活动	¥0.00	按比例	¥0.00	¥0.00	¥0.00	¥0.00	¥0.00
21	整理嘉宾名录	¥0.00	按比例	¥0.00	¥0.00	¥0.00	¥0.00	¥0.00
22	公共关系	¥0.00	按比例	¥0.00	¥0.00	¥0.00	¥0.00	¥0.00
23	⊟ **验收阶段**	**¥0.00**	**按比例**	**¥0.00**	**¥0.00**	**¥0.00**	**¥0.00**	**¥0.00**
24	财务总结	¥0.00	按比例	¥0.00	¥0.00	¥0.00	¥0.00	¥0.00
25	市场调查与反	¥0.00	按比例	¥0.00	¥0.00	¥0.00	¥0.00	¥0.00
26	总结会	¥0.00	按比例	¥0.00	¥0.00	¥0.00	¥0.00	¥0.00
27	任务完成	¥0.00	按比例	¥0.00	¥0.00	¥0.00	¥0.00	¥0.00

图 7-12 设置现有任务的成本累算方式

7.4.2 设置任务成本

任务成本的设置包括子任务的成本设置和摘要任务的成本设置。

1. 子任务的固定成本设置

如图 7－12 所示，在其中的“固定成本”栏中输入相应的数值，即可完成子任务的固定成本的设置。

2. 摘要任务的固定成本设置

先切换到“甘特图”视图，执行“视图”→“表”→“成本”命令，在弹出的界面中，找到相应的摘要任务，在“固定成本”栏中输入相应的数值即可完成设置，如图 7－13所示。

	任务名称	固定成本	固定成本累算	总成本	比较基准	差异	实际	剩余
1	**⊟**	**¥0.00**	**按比例**	**¥0.00**	**¥0.00**	**¥0.00**	**¥0.00**	**¥0.00**
2	内部专家评估	¥0.00	按比例	¥0.00	¥0.00	¥0.00	¥0.00	¥0.00
3	市场调研与分	¥0.00	按比例	¥0.00	¥0.00	¥0.00	¥0.00	¥0.00
4		¥0.00	按比例	¥0.00	¥0.00	¥0.00	¥0.00	¥0.00
5	征求意见	¥0.00	按比例	¥0.00	¥0.00	¥0.00	¥0.00	¥0.00
6	**⊟ 企划阶段**	**¥10,000.00**	**按比例**	**¥15,585.29**	**¥0.00**	**¥15,585.29**	**¥0.00**	**¥15,585.29**
7	Swot分析	¥0.00	按比例	¥0.00	¥0.00	¥0.00	¥0.00	¥0.00
8	市场预测	¥0.00	按比例	¥3,490.84	¥0.00	¥3,490.84	¥0.00	¥3,490.84
9	产品目标	¥0.00	按比例	¥0.00	¥0.00	¥0.00	¥0.00	¥0.00
10	定位策略	¥0.00	按比例	¥2,094.45	¥0.00	¥2,094.45	¥0.00	¥2,094.45
11	目标市场	¥0.00	按比例	¥0.00	¥0.00	¥0.00	¥0.00	¥0.00
12	市场营销组合	¥0.00	按比例	¥0.00	¥0.00	¥0.00	¥0.00	¥0.00
13	服务策略	¥0.00	按比例	¥0.00	¥0.00	¥0.00	¥0.00	¥0.00
14	**⊟ 开发阶段**	**¥0.00**	**按比例**	**¥13,400.00**	**¥0.00**	**¥13,400.00**	**¥0.00**	**¥13,400.00**
15	文化资源组合	¥0.00	按比例	¥0.00	¥0.00	¥0.00	¥0.00	¥0.00
16	路线开发	¥0.00	按比例	¥13,400.00	¥0.00	¥13,400.00	¥0.00	¥13,400.00
17	服务商选择	¥0.00	按比例	¥0.00	¥0.00	¥0.00	¥0.00	¥0.00
18	**⊟ 投放阶段**	**¥0.00**	**按比例**	**¥0.00**	**¥0.00**	**¥0.00**	**¥0.00**	**¥0.00**
19	制作上市日程	¥0.00	按比例	¥0.00	¥0.00	¥0.00	¥0.00	¥0.00
20	规划宣传活动	¥0.00	按比例	¥0.00	¥0.00	¥0.00	¥0.00	¥0.00
21	整理嘉宾名录	¥0.00	按比例	¥0.00	¥0.00	¥0.00	¥0.00	¥0.00
22	公共关系	¥0.00	按比例	¥0.00	¥0.00	¥0.00	¥0.00	¥0.00
23	**⊟ 验收阶段**	**¥0.00**	**按比例**	**¥0.00**	**¥0.00**	**¥0.00**	**¥0.00**	**¥0.00**
24	财务总结	¥0.00	按比例	¥0.00	¥0.00	¥0.00	¥0.00	¥0.00
25	市场调查与反(	¥0.00	按比例	¥0.00	¥0.00	¥0.00	¥0.00	¥0.00
26	总结会	¥0.00	按比例	¥0.00	¥0.00	¥0.00	¥0.00	¥0.00
27	任务完成	¥0.00	按比例	¥0.00	¥0.00	¥0.00	¥0.00	¥0.00

图 7－13　摘要任务的成本设置

需要注意的是，摘要任务的固定成本并不一定是其子任务的固定成本之和。

7.4.3 任务成本的计算

在对成本的各项参数进行设置之后，在“甘特图”视图中可以显示出计算出来的总成本，如图 7－14 所示。在图中，可以看到任务“Swot 分析”的成本为￥4800。这是怎么计算出来的呢？看图可以知道，此任务分配了资源“唐僧”。在资源工作表中，我们看到该资源的资源费率为￥120.00/工时，工期为 5 个工作日，每个工作日为 8 小时工作时间。

所以可以直接计算出其成本，就是 120×5×8=4800。同理，也可以计算出其他的成本。

	WBS	任务名称	成本	固定成本	剩余成本	工期	资源名称
1	**01**	⊟	**¥0.00**	**¥0.00**	**¥0.00**	**4.33 工作日**	
2	01-1	内部专家评	¥0.00	¥0.00	¥0.00	10 工作日	李丽丽[50%]
3	01-2	市场调研与	¥0.00	¥0.00	¥0.00	13.33 工作日	李丽丽[50%],孙猴子[50%]
4	01-3		¥0.00	¥0.00	¥0.00	1 工作日	外聘学者,彩纸[1],孙猴子
5	01-4	征求意见	¥0.00	¥0.00	¥0.00	3 工作日	
6	**02**	⊟ **企划阶段**	**¥20,385.29**	**¥10,000.00**	**¥20,385.29**	**16 工作日**	
7	02-1	Swot分析	¥4,800.00	¥0.00	¥4,800.00	5 工作日	唐僧
8	02-2	市场预测	¥3,490.84	¥0.00	¥3,490.84	1.82 工作日	ipad4[3],彩纸[3],地方志
9	02-3	产品目标	¥0.00	¥0.00	¥0.00	1.09 工作日	
10	02-4	定位策略	¥2,094.45	¥0.00	¥2,094.45	4.36 工作日	ipad4[3],彩纸[3],地方志
11	02-5	目标市场	¥0.00	¥0.00	¥0.00	2 工作日	
12	02-6	市场营销组	¥0.00	¥0.00	¥0.00	5 工作日	
13	02-7	服务策略	¥0.00	¥0.00	¥0.00	3 工作日	
14	**03**	⊟ **开发阶段**	**¥13,400.00**	**¥0.00**	**¥13,400.00**	**32 工作日**	
15	03-1	文化资源组	¥0.00	¥0.00	¥0.00	20 工作日	
16	03-2	路线开发	¥13,400.00	¥0.00	¥13,400.00	10 工作日	交通费[¥300.00],差旅费[

图 7-14　任务成本的计算

7.5　项目的预算

预算是项目管理中很重要的内容。在 Project 2007 中，可以实现对项目预算的操作和管理。

7.5.1　"预算"成本资源的设置

执行"视图"→"资源工作表"命令，切换到"资源工作表"界面，在其中新建"预算"成本资源，如图 7-15 所示。

	ℹ	资源名称	类型	材料标签	缩写	组	最大单位	标准费率
1		预算	成本 ▼		预		100%	¥0.00
6		ipad	工时		i			
3		彩纸	材料		彩			
13		差旅费	成本		差			
8		地方志	材料		地			
11		交通费	成本		交			
4		李丽丽	工时		李		100%	¥0.00
7		孙猴子	工时		孙		100%	¥0.00
10		唐僧	工时		唐		300%	¥120.00
12		通信费	成本		通			
2		外聘学者	工时		外		100%	¥0.00
9		粤剧资源	材料		粤			
5		张文辉	工时		张		200%	¥0.00
14		招待费	工时		招		100%	¥0.00

图 7-15　新建"预算"资源

新建"预算"成本资源后，双击该资源，将弹出"资源信息"对话框。单击"常规"选项卡，选中其中的"预算"复选框，即表示该资源仅用于预算使用，如图 7-16 所示。

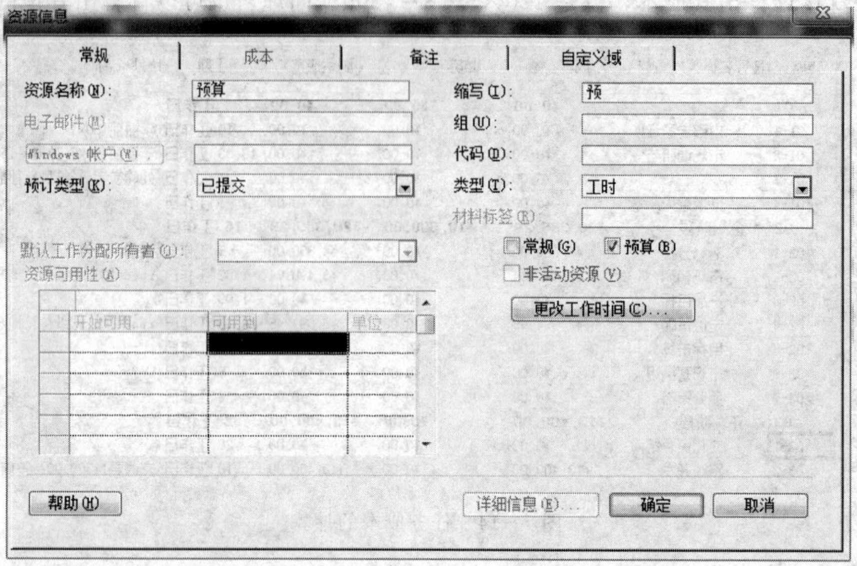

图 7-16　预算资源的设置

7.5.2　“预算”资源的分配

在“预算”成本资源完成建立和设置后，还要把它分配给整个项目。下面介绍其操作步骤。

执行“视图”→“甘特图”命令，切换到“甘特图”视图。找到项目摘要任务并双击，将弹出“摘要任务信息”对话框，如图 7-17 所示。

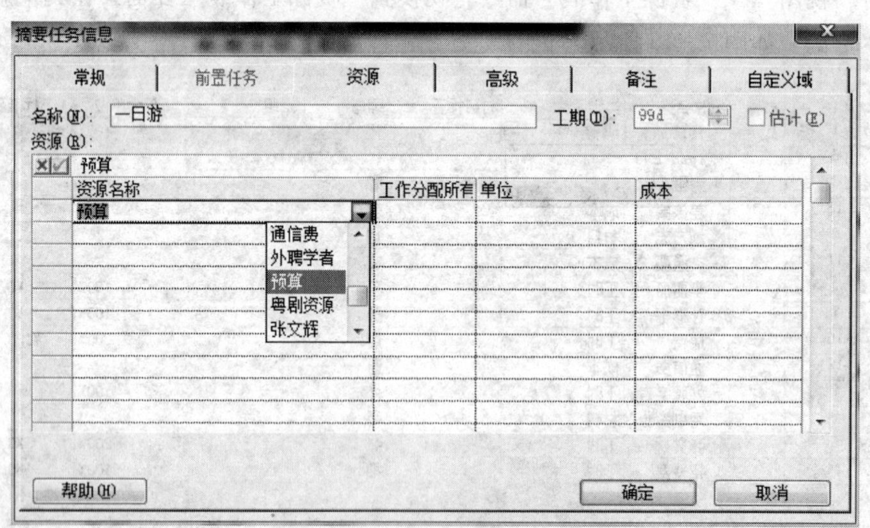

图 7-17　“预算”成本资源的分配

在弹出的“摘要任务信息”对话框中打开“资源”选项卡，在“资源名称”下面的下拉列表中选择“预算”资源，单击“确定”按钮即完成分配。

7.5.3 设置预算值

执行“视图”→“资源使用情况”命令，在弹出的视图中插入“预算成本”列，在其中为“预算”赋值，如图 7-18 所示。

¥30,000.00

	资源名称	预算成本	工时
	⊞ 未分配的		0 工时
1	⊟ 预算	¥30,000.00	
	一日游	¥30,000.00	
2	⊞ 外聘学者		31.27 工时
3	⊞ 彩纸		8
4	⊞ 李丽丽		93.33 工时
5	⊞ 张文辉		34.92 工时
6	⊞ ipad4		6
7	⊞ 孙猴子		57.93 工时
8	⊞ 地方志		8
9	⊞ 粤剧资源		10
10	⊞ 唐僧		166.55 工时
11	⊞ 交通费		
12	⊞ 通信费		
13	⊞ 差旅费		
14	招待费		0 工时

图 7-18 输入“预算”值

执行“视图”→“甘特图”命令，切换到“甘特图”视图界面。在其中同样插入“预算成本”列，如图 7-19 所示。

	预算成本	WBS	任务名称	成本	固定成本	剩余成本	
0	¥30,000.00		⊟ 一日游	¥33,785.29	¥0.00	¥33,785.29	9
1		01	⊟	¥0.00	¥0.00	¥0.00	4.
2		01-1	内部专家	¥0.00	¥0.00	¥0.00	
3		01-2	市场调研	¥0.00	¥0.00	¥0.00	13.
4		01-3		¥0.00	¥0.00	¥0.00	
5		01-4	征求意见	¥0.00	¥0.00	¥0.00	
6		02	⊟ 企划阶段	¥20,385.29	¥10,000.00	¥20,385.29	1
7		02-1	Swot分析	¥4,800.00	¥0.00	¥4,800.00	
8		02-2	市场预测	¥3,490.84	¥0.00	¥3,490.84	1.
9		02-3	产品目标	¥0.00	¥0.00	¥0.00	1.
10		02-4	定位策略	¥2,094.45	¥0.00	¥2,094.45	4.
11		02-5	目标市场	¥0.00	¥0.00	¥0.00	
12		02-6	市场营销	¥0.00	¥0.00	¥0.00	
13		02-7	服务策略	¥0.00	¥0.00	¥0.00	
14		03	⊟ 开发阶段	¥13,400.00	¥0.00	¥13,400.00	3
15		03-1	文化资源	¥0.00	¥0.00	¥0.00	
16		03-2	路线开发	¥13,400.00	¥0.00	¥13,400.00	

图 7-19 预算与成本计划

在图中，我们可以比对项目是否已经超出了预算，在本例中，可以看出成本计划支出明显超出了预算。

7.6 成本计划的输出

为了更好地促进项目管理的效率，可以把成本计划根据不同需要形成报表，并打印出来。

7.6.1 阶段成本计划与详细成本计划的输出

切换到“甘特图”视图，根据需要把子任务显示或隐藏，把子任务全部展开即为详细成本计划。根据展开的程度不同，我们可以有侧重地完成成本计划的输出。然后执行“文件”→“打印预览”命令，可以看到打印的效果图并打印出来，如图 7-20 所示。

标识号	预算成本	WBS	任务名称	成本	固定成本	剩余成本
0	¥30,000.00		一日游	¥33,785.29	¥0.00	¥33,785.29
1		01		¥0.00	¥0.00	¥0.00
6		02	企划阶段	¥20,385.2	¥10,000.0	¥20,385.2
7		02-1	Swot分析	¥4,800.00	¥0.00	¥4,800.00
8		02-2	市场预测	¥3,490.84	¥0.00	¥3,490.84
9		02-3	产品目标	¥0.00	¥0.00	¥0.00
10		02-4	定位策略	¥2,094.45	¥0.00	¥2,094.45
11		02-5	目标市场	¥0.00	¥0.00	¥0.00
12		02-6	市场营销组	¥0.00	¥0.00	¥0.00
13		02-7	服务策略	¥0.00	¥0.00	¥0.00
14		03	开发阶段	¥13,400.0	¥0.00	¥13,400.0
15		03-1	文化资源组	¥0.00	¥0.00	¥0.00
16		03-2	路线开发	¥13,400.00	¥0.00	¥13,400.00
17		03-3	服务周边组	¥0.00	¥0.00	¥0.00
18		04	投放阶段	¥0.00	¥0.00	¥0.00
19		04-1	制作上市日	¥0.00	¥0.00	¥0.00
20		04-2	策划宣传名	¥0.00	¥0.00	¥0.00
21		04-3	邀请嘉宾名	¥0.00	¥0.00	¥0.00
22		04-4	公共关系	¥0.00	¥0.00	¥0.00
23		05	验收阶段	¥0.00	¥0.00	¥0.00
24		05-1	财务总结	¥0.00	¥0.00	¥0.00
25		05-2	市场调查考	¥0.00	¥0.00	¥0.00
26		05-3	总结会	¥0.00	¥0.00	¥0.00
27		05-4	任务完成	¥0.00	¥0.00	¥0.00

图 7-20　成本计划的输出

7.6.2 现金流量报表的输出

对于项目来说，现金流的管理是最重要的工作之一。在 Project 2007 中，我们可以利用“现金流量”报表来提升对现金流量的管理效率。

执行“报表”→“报表”命令，将弹出“报表”对话框，如图 7-21 所示。

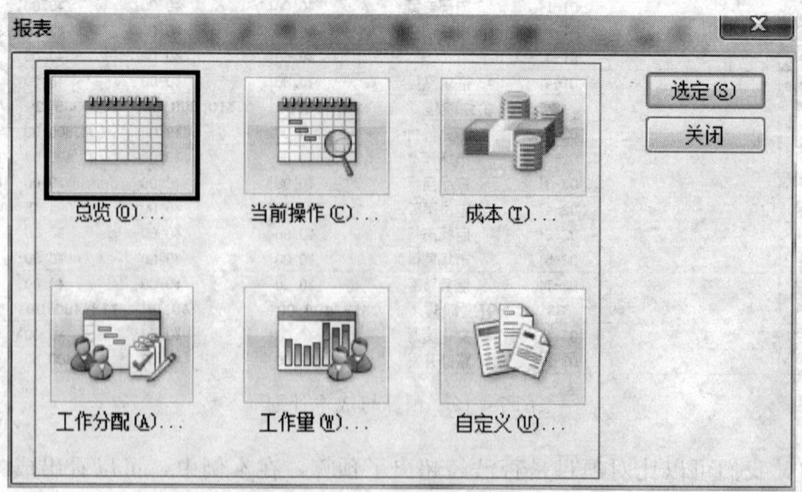

图 7-21　“报表”对话框

双击“成本”图标之后，将弹出“成本报表”对话框，如图 7-22 所示。

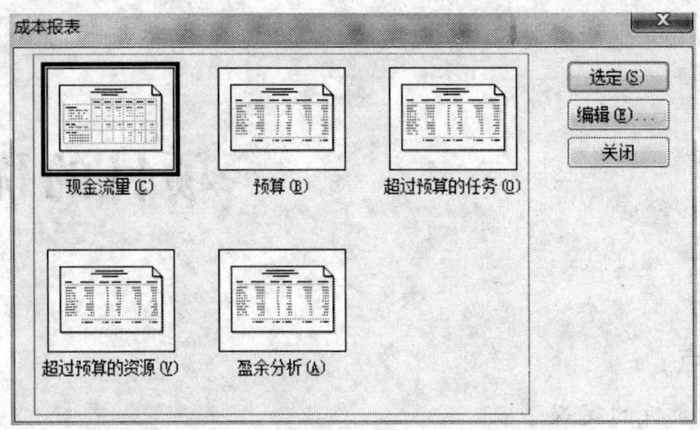

图 7-22 “成本报表”对话框

双击图 7-22 中的“现金流量”图标，将弹出“现金流量”报表预览界面，如图 7-23所示。在图 7-22 中也可以输出更多的报表，如“预算”报表等，如图 7-24 所示。

现金流量 打印于 2013年5月27日
一日游

	2013年2月24日	2013年3月3日	2013年3月10日	2013年3月17日	2013年3月24日	2013年3月31日	2013年4月7日
一日游							
企划阶段				¥3,125.00	¥3,125.00	¥3,125.00	¥625.00
Swot分析				¥4,800.00			
市场预测					¥3,490.84		
产品目标							
定位策略					¥480.00	¥1,614.50	
目标市场							
市场营销组合							
服务策略							
开发阶段							

图 7-23 “现金流量”报表

预算报告 打印于 2013年5月27日
一日游

标识号	任务名称	固定成本	固定成本累算	总成本	比较基准	差异	实际
16	路线开发	¥0.00	按比例	¥13,400.00	¥0.00	¥13,400.00	¥0.00
7	Swot分析	¥0.00	按比例	¥4,800.00	¥0.00	¥4,800.00	¥0.00
8	市场预测	¥0.00	按比例	¥3,490.84	¥0.00	¥3,490.84	¥0.00
10	定位策略	¥0.00	按比例	¥2,094.45	¥0.00	¥2,094.45	¥0.00
9	产品目标	¥0.00	按比例	¥0.00	¥0.00	¥0.00	¥0.00
11	目标市场	¥0.00	按比例	¥0.00	¥0.00	¥0.00	¥0.00
12	市场营销组合	¥0.00	按比例	¥0.00	¥0.00	¥0.00	¥0.00
13	服务策略	¥0.00	按比例	¥0.00	¥0.00	¥0.00	¥0.00
15	文化资源组合	¥0.00	按比例	¥0.00	¥0.00	¥0.00	¥0.00
17	服务商选择	¥0.00	按比例	¥0.00	¥0.00	¥0.00	¥0.00
19	制作上市日程	¥0.00	按比例	¥0.00	¥0.00	¥0.00	¥0.00
20	规划宣传活动	¥0.00	按比例	¥0.00	¥0.00	¥0.00	¥0.00
21	邀请嘉宾名录	¥0.00	按比例	¥0.00	¥0.00	¥0.00	¥0.00
22	公共关系	¥0.00	按比例	¥0.00	¥0.00	¥0.00	¥0.00
24	财务总结	¥0.00	按比例	¥0.00	¥0.00	¥0.00	¥0.00
25	市场调查与反馈	¥0.00	按比例	¥0.00	¥0.00	¥0.00	¥0.00
26	总结会	¥0.00	按比例	¥0.00	¥0.00	¥0.00	¥0.00
27	任务完成	¥0.00	按比例	¥0.00	¥0.00	¥0.00	¥0.00
		¥0.00		¥23,785.29	¥0.00	¥23,785.29	¥0.00

图 7-24 “预算报告”报表

课后思考题

1. 项目成本包含哪些种类？
2. 练习 Project 2007 中项目“预算”的相关设置。

第 8 章 项目的优化与跟踪

本章学习要点：

了解关键路径分析的定义。

理解调整关键路径与缩短工期的关系。

熟练掌握优化工期及优化成本的操作步骤。

熟练掌握项目跟踪的相关设置。

通过前面章节的介绍，基本可以建立起一个完整的项目。但在项目的执行过程中，可能还需要查看各项进度，以及根据情况调整任务、资源或成本等，这就需要对项目进行优化。另外，在项目的实际运行过程中，我们需要实时掌握其信息情况，这就需要对项目进行跟踪。

8.1 关键路径分析

在项目管理中，关键路径是项目优化的重要手段之一。通过关键路径，可以找到影响项目工期的任务，以便解决诸如日程冲突等方面的问题。

8.1.1 关键路径的定义

关键路径就是关键任务所组成的路径。而所谓关键任务，是指为了准时完成项目而必须按时完成的任务。形成关键路径的方式：①设置了任务限制，如“必须于……开始”或“必须于……完成”的任务时间限制；②任务之间设置了相互关联，从而产生的一条最长的关键路径。

当一项任务完成之后，就不再是关键任务了。因为项目日程控制的重点就是追踪关键任务，所以如果要调整项目的工期，首先要调整关键任务的工期。

8.1.2 关键路径的显示

在 Project 2007 中，显示关键路径的方法主要有“甘特图”、“网络图”、表格以及任务筛选器等。下面介绍使用“甘特图”和“网络图”两种显示方式。

1. 使用“甘特图”向导显示

打开相关的项目文件，如本书中的“一日游 .mpp”项目文件。切换到“甘特图”视

图。执行“格式”→“甘特图向导”命令，将弹出“甘特图向导”对话框，如图 8-1 所示。

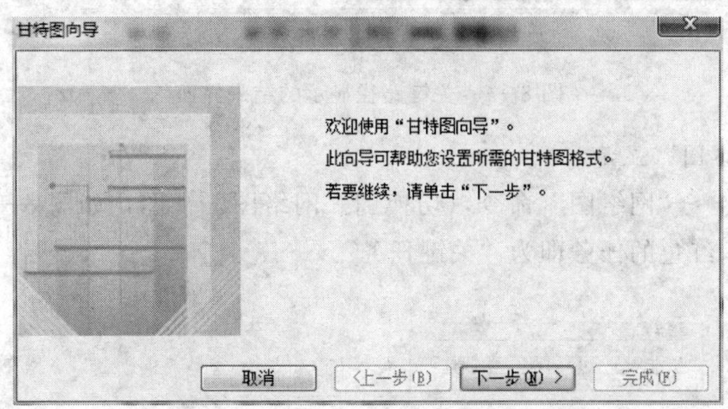

图 8-1 “甘特图向导”欢迎对话框

直接单击“下一步”按钮，将弹出如图 8-2 所示的对话框。

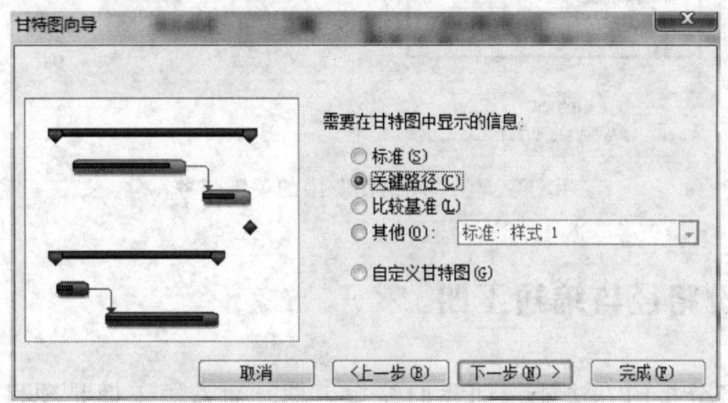

图 8-2 选择“关键路径”单选按钮

选中“关键路径”单选按钮，单击“下一步”按钮直至最后一步，将弹出如图 8-3 所示的对话框。

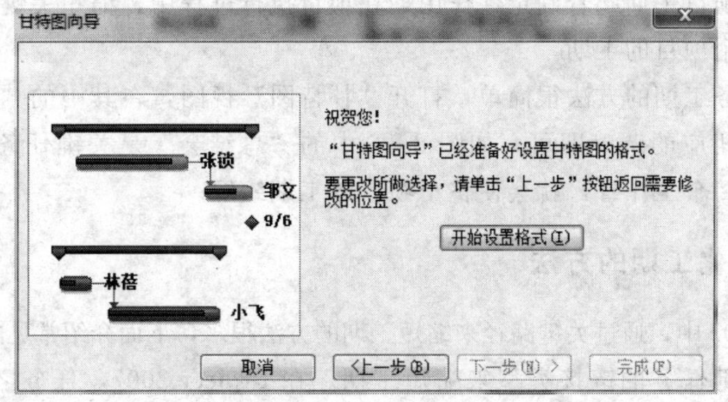

图 8-3 向导最后一步的界面

单击“开始设置格式”按钮，即可显示出项目的关键路径，结果如图 8-4 所示。

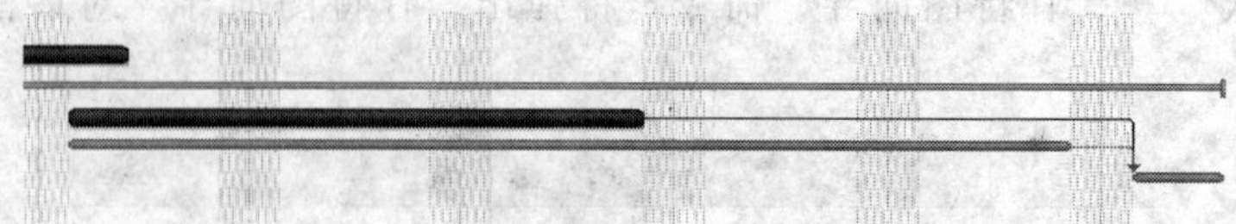

图 8-4 关键路径显示的结果界面

2. 使用“网络图”显示

执行“视图”→“网络图”命令，切换到“网络图”视图，如图 8-5 所示。在弹出的“网络图”中，红色的任务即为“关键任务”。

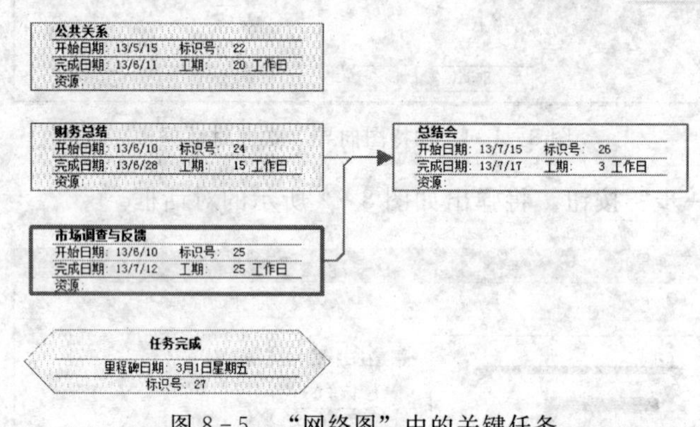

图 8-5 “网络图”中的关键任务

8.2 调整关键路径与缩短工期

使用关键任务分析的方法能帮助我们缩短工期。而缩短工期是项目优化的主要指标之一。

8.2.1 缩短关键任务的工期

关键任务对项目工期起着确定性作用，在项目执行过程中，缩短关键任务的工期，意味着可能缩短整个项目的工期。

缩短关键任务工期的方法很简单，打开“甘特图”视图，在其中的“工期”域中，把原来的工期进行相应的调整即可。如图 8-6 中的“总结会”是关键任务，把其原来的 3 个工作日缩短为 2 个工作日，就会使整个项目的工期缩短。

8.2.2 其他优化工期的方法

在 Project 2007 中，通过关键路径来缩短工期的方法很多，下面介绍常见的几种方法。

(1) 更改关键任务的链接类型来缩短工期。在 Project 2007，任务之间有很多类型，可以通过更改不必要的关键任务相关链接来缩短整个项目的工期。

(2) 更改关键任务限制来缩短工期。在 Project 2007 中，有很多限制类型，可以通过改变这些限制类型来缩短整个项目的工期。

17	03-3	服务商选	¥0.00	10 工作日
18	**04**	**⊟ 投放阶段**	**¥0.00**	**20 工作日**
19	04-1	制作上市	¥0.00	5 工作日
20	04-2	规划宣传	¥0.00	5 工作日
21	04-3	整理嘉宾	¥0.00	3 工作日
22	04-4	公共关系	¥0.00	20 工作日
23	**05**	**⊟ 验收阶段**	**¥0.00**	**91 工作日**
24	05-1	财务总结	¥0.00	15 工作日
25	05-2	市场调查	¥0.00	16 工作日
26	05-3	总结会	¥0.00	2 工作日
27	05-4	任务完成	¥0.00	0 工作日

图 8-6　缩短关键任务工期

(3) 分割关键任务来缩短工期。有些任务比较大，可以分解得更细。更细的任务之间的顺序及与其他任务的关系得以调整，从而缩短了整个项目的工期。

(4) 分配加班工时来缩短关键任务，从而缩短整个项目的工期。

(5) 为关键任务设置重叠或延迟时间来优化整个项目的工期。

8.2.3 关键路径的相关设置

从上文已知，关键路径是关键任务组成的任务。在 Project 2007 中，默认条件下，关键任务的条件是“可宽延总时间为 0”。可以对此进行自定义的设置以满足需要。设置的具体操作步骤如下：

执行“工具”→“选项”命令，将弹出“选项”对话框，打开其中的“计算方式”选项卡，如图 8-7 所示。

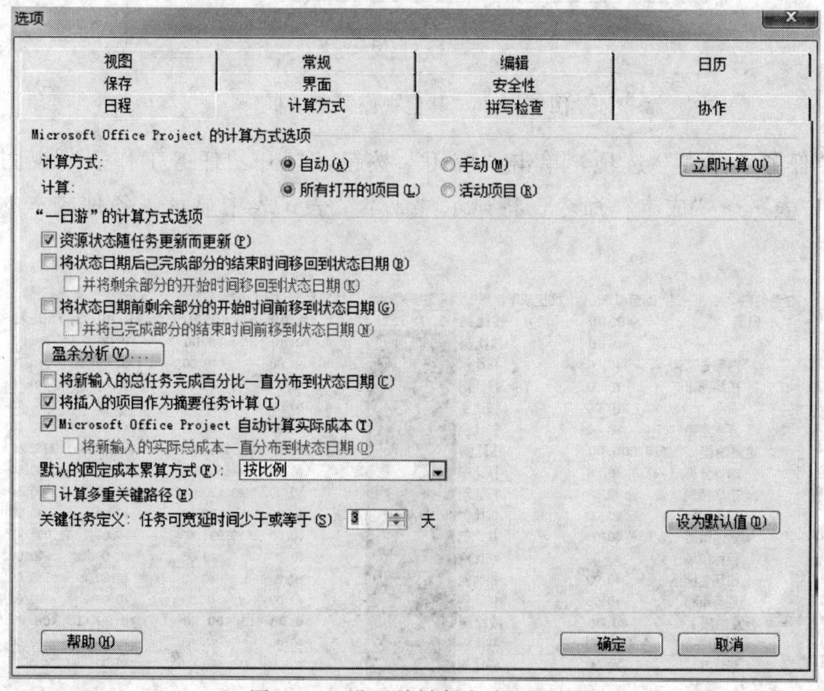

图 8-7　设置关键任务宽延时间

可以把关键任务定义的默认值 0，修改为相应的数值。另外，在默认条件下，Project 2007 中每个项目都只有一个关键路径。在此界面中可以选中“计算多重关键路径”复选框来设置一个项目具有多重关键路径。

8.3 减少项目费用

减少项目费用也是项目优化的重要指标之一。在 Project 2007 中，可以对项目成本进行优化以减少成本。

8.3.1 查看成本及其差异

在 Project 2007 中，查看成本的方法很简单，下面介绍其操作步骤。

执行“视图”→“其他视图”命令，打开“其他视图”对话框，如图 8-8 所示。

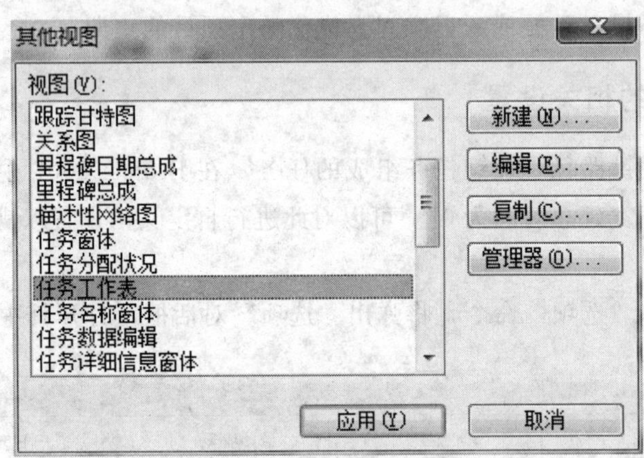

图 8-8 “其他视图”对话框

选中“任务工作表”选项，单击“应用”按钮，打开“任务工作表”视图。再执行“视图”→“表”→“成本”命令，将显示“成本”表，表中显示了各种成本的状况，如图 8-9 所示。

	任务名称	固定成本	固定成本累算	总成本	比较基准	差异	实际	剩余
0	⊟ 一日游	¥0.00	按比例	33,785.29	¥0.00	33,785.29	¥0.00	33,785.29
1	⊟	¥0.00	按比例	¥0.00	¥0.00	¥0.00	¥0.00	¥0.00
2	内部专家讨	¥0.00	按比例	¥0.00	¥0.00	¥0.00	¥0.00	¥0.00
3	市场调研与	¥0.00	按比例	¥0.00	¥0.00	¥0.00	¥0.00	¥0.00
4		¥0.00	按比例	¥0.00	¥0.00	¥0.00	¥0.00	¥0.00
5	征求意见	¥0.00	按比例	¥0.00	¥0.00	¥0.00	¥0.00	¥0.00
6	⊟ 企划阶段	¥10,000.00	按比例	¥20,385.29	¥0.00	¥20,385.29	¥0.00	¥20,385.29
7	Swot分析	¥0.00	按比例	¥4,800.00	¥0.00	¥4,800.00	¥0.00	¥4,800.00
8	市场预测	¥0.00	按比例	¥3,490.84	¥0.00	¥3,490.84	¥0.00	¥3,490.84
9	产品目标	¥0.00	按比例	¥0.00	¥0.00	¥0.00	¥0.00	¥0.00
10	定位策略	¥0.00	按比例	¥2,094.45	¥0.00	¥2,094.45	¥0.00	¥2,094.45
11	目标市场	¥0.00	按比例	¥0.00	¥0.00	¥0.00	¥0.00	¥0.00
12	市场营销组	¥0.00	按比例	¥0.00	¥0.00	¥0.00	¥0.00	¥0.00
13	服务策略	¥0.00	按比例	¥0.00	¥0.00	¥0.00	¥0.00	¥0.00
14	⊟ 开发阶段	¥0.00	按比例	¥13,400.00	¥0.00	¥13,400.00	¥0.00	¥13,400.00
15	文化资源组	¥0.00	按比例	¥0.00	¥0.00	¥0.00	¥0.00	¥0.00
16	路线开发	¥0.00	按比例	¥13,400.00	¥0.00	¥13,400.00	¥0.00	¥13,400.00

图 8-9 “任务工作表”之“成本”表

图 8－9 显示的是各任务的成本，也可以显示各资源的成本。下面介绍其操作步骤。

执行“视图”→“资源工作表”命令，切换到“资源工作表”视图。再执行“视图”→“表”→“成本”命令，打开“成本”表，表中可以看到各资源的成本状况，如图 8－10所示。

	资源名称	成本	比较基准成本	差异	实际成本	剩余成本
6	ipad4	¥0.00	¥0.00	¥0.00	¥0.00	¥0.00
3	彩纸	¥0.00	¥0.00	¥0.00	¥0.00	¥0.00
13	差旅费	¥3,000.00	¥0.00	¥3,000.00	¥0.00	¥3,000.00
8	地方志	¥0.00	¥0.00	¥0.00	¥0.00	¥0.00
11	交通费	¥300.00	¥0.00	¥300.00	¥0.00	¥300.00
4	李丽丽	¥0.00	¥0.00	¥0.00	¥0.00	¥0.00
7	孙猴子	¥0.00	¥0.00	¥0.00	¥0.00	¥0.00
10	唐僧	¥19,985.29	¥0.00	¥19,985.29	¥0.00	¥19,985.29
12	通信费	¥500.00	¥0.00	¥500.00	¥0.00	¥500.00
2	外聘学者	¥0.00	¥0.00	¥0.00	¥0.00	¥0.00
1	预算					
9	粤剧资源	¥0.00	¥0.00	¥0.00	¥0.00	¥0.00
5	张文辉	¥0.00	¥0.00	¥0.00	¥0.00	¥0.00
14	[illegible]	[illegible]	[illegible]	[illegible]	[illegible]	[illegible]

图 8－10 “资源工作表”之“成本”表

8.3.2 优化成本结构

优化成本的策略有很多种，下面进行简略的介绍。

(1) 调整资源以优化成本。包括减低资源的费率、更改资源的成本比例表、删除资源分配、调整资源的工作时间、减少资源的分配单位、替换资源分配以及减少加班等。

(2) 调整成本以优化成本。包括减少资源的成本累算和费用、减少任务的固定成本、减少材料成本以及更改资源分配的成本比例表等。

(3) 调整任务以优化成本。包括减少任务的工时以及删除任务等。

(4) 缩短项目范围以优化成本。包括确定要更改可交付结果或范围、削减产品的可交付结果、削减产品范围、使用可用的时间或预算以及考虑范围在质量上的影响等。

8.4 项目的跟踪

项目跟踪是指在项目运行过程中把实际发生的情况与原来估计的情况进行比较。Project 2007中提供了“比较基准”功能，通过这些功能，可以把规划过的数据保留成一份备份，还可以把这个备份与现状的数据进行比较。

8.4.1 设置比较基准

比较基准指的是用于跟踪项目进度的最初项目计划。在设置了比较基准后，才能查看成本差异。下面介绍设置比较基准的操作步骤。

打开一个之前制作好的项目文件，在“甘特图”视图中，执行“工具”→“跟踪”→

“设置比较基准”命令，将弹出“设置比较基准”对话框，如图 8-11 所示。

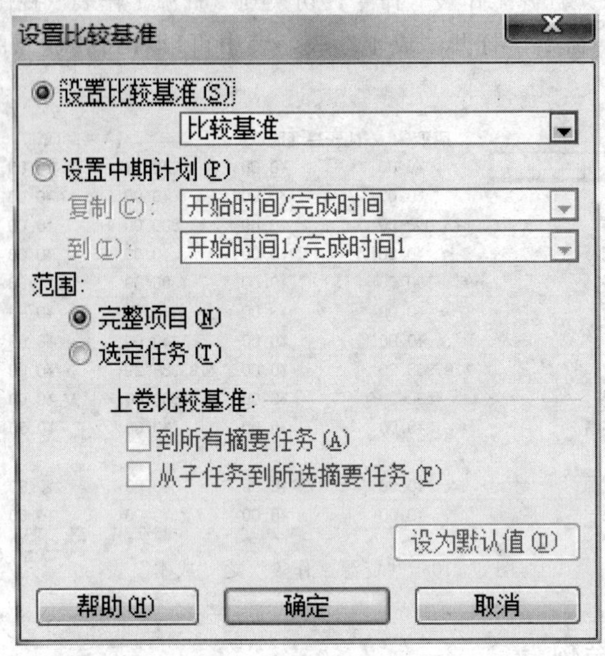

图 8-11　“设置比较基准”对话框

在图 8-11 中，可以设置整个项目或选定任务的比较基准计划或者中期计划。设置完成后，单击“确定”按钮关闭此对话框。

此时，我们更改一下任务 13“服务策略”的限制类型。双击该任务，打开“任务信息”对话框，切换到“高级”选项卡，在“限制类型”中设置为“越早越好”，如图8-12 所示。

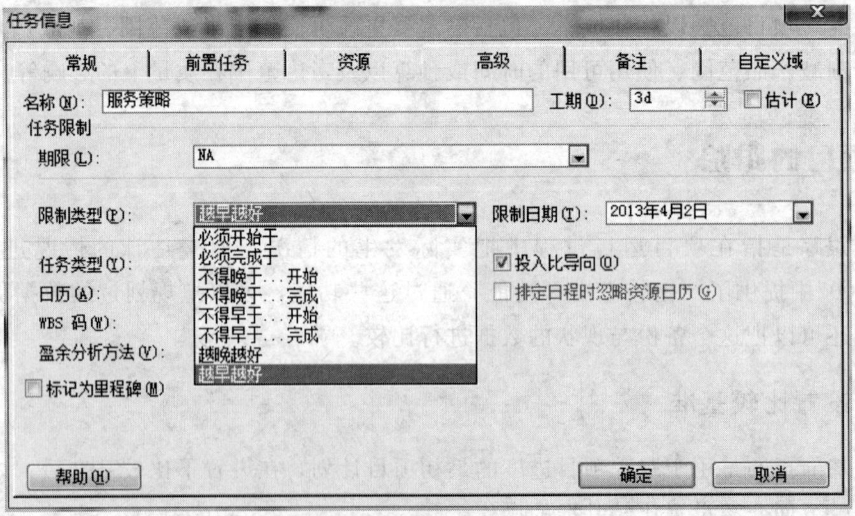

图 8-12　更改任务的限制类型

更改之后，该任务的工期时间发生了变化，也就是说，项目的状况改变了。此时，可以比较与原始数据的差异。执行“格式”→“甘特图向导”命令，将弹出“甘特图向导”对话框，如图 8-13 所示。

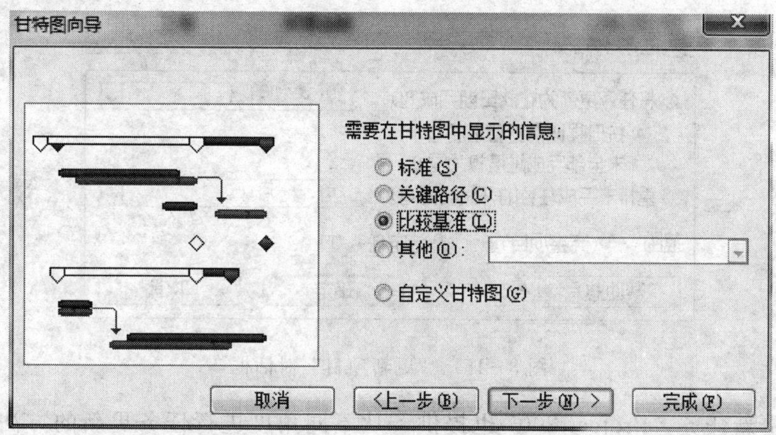

图 8-13 “甘特图向导”对话框

选中“比较基准”单选框，单击“完成”按钮，并在弹出的对话框中单击“开始设置格式”按钮，退出向导。甘特图的显示发生了变化，可以看到两个不同比较基准作比较的情形，其中深色的条形图为所保留的比较基准数据，浅色的条形图为当前工期。具体情形如图 8-14 所示。

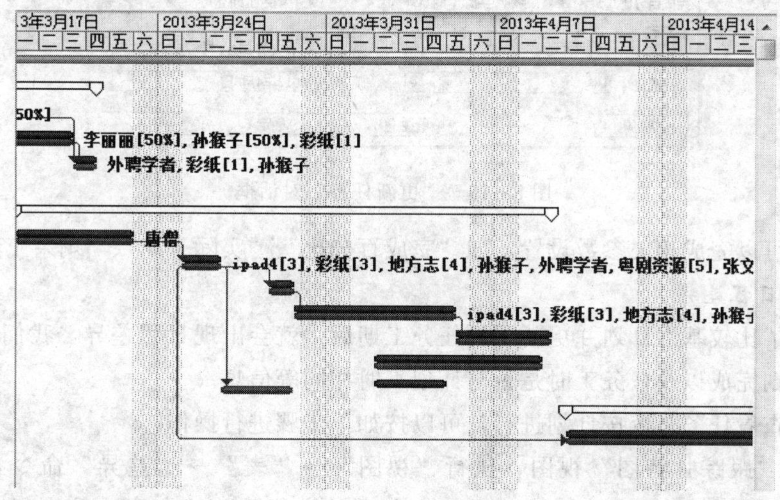

图 8-14 两个比较基准对比差异图

8.4.2 跟踪项目进度

建立起比较基准计划后，可以更新项目日程以达到监督项目进度的目的。而跟踪项目进度重要的是及时更新项目信息。

1. 更新完整项目和更新任务

如果要更新完整项目，可以执行“工具”→“跟踪”→“更新项目”命令，将弹出“更新项目”对话框，如图 8－15 所示。

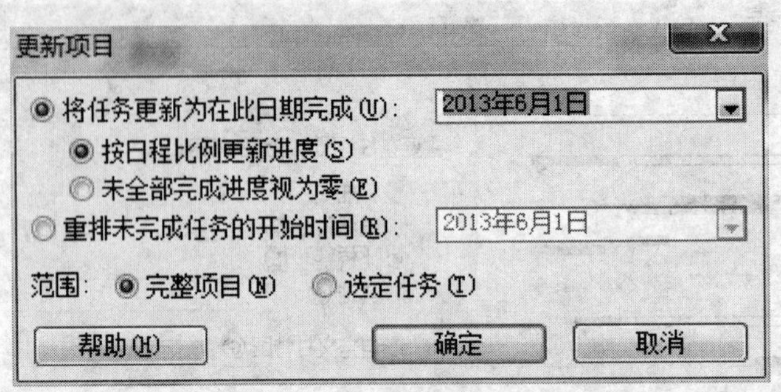

图 8－15 “更新项目”对话框

如果要更新任务，Project 2007 也提供了从不同角度进行任务更新的方法，只需要知道实际任务的部分信息即可完成任务更新。其操作步骤如下：

打开项目文件，选中需要更新的一个任务，执行“工具”→“跟踪”→“更新任务”命令，将弹出“更新任务”对话框，如图 8－16 所示。

图 8－16 “更新任务”对话框

在图中可以完成相关参数设置，如“完成百分比”、“实际工期”、“剩余工期”等。

2. 查看日程差异

在设置了比较基准计划并更新项目任务工期后，就会出现日程差异，我们可以查看任务是否按计划完成以及任务工时是否与计划工时相同等信息。

如果要查看任务是否按计划进行，可以按如下步骤进行操作：

切换到“跟踪甘特图”视图，执行“视图”→“表”→“差异”命令，将显示差异表。在其中，从“开始时间差异”和“完成时间差异”域中能比较出每个任务的开始时间差异和完成时间差异，就可以知道任务是否按计划执行，如图 8－17 所示。

如果要查看任务的工时情况，可以按如下步骤进行操作：

切换到“甘特图”视图，执行“视图”→“表”→“工时”命令，将显示出工时表。在其中，可以查看比较基准与实际工时之间的差异，如图 8－18 所示。

	任务名称	开始时间	完成时间	比较基准开始时间	比较基准完成时间	开始时间差异	完成时间差异
0	**⊟ 一日游**	**2013年3月1日**	**2013年7月8日**	**2013年3月1日**	**2013年7月8日**	**0 工作日**	**0 工作日**
1	⊟	**2013年3月1日**	**2013年3月21日**	**2013年3月1日**	**2013年3月21日**	**0 工作日**	**0 工作日**
2	内部专家讠	2013年3月1日	2013年3月14日	2013年3月1日	2013年3月14日	0 工作日	0 工作日
3	市场调研与	2013年3月1日	2013年3月20日	2013年3月1日	2013年3月20日	0 工作日	0 工作日
4		2013年3月20日	2013年3月21日	2013年3月20日	2013年3月21日	0 工作日	0 工作日
5	征求意见	2013年3月13日	2013年3月15日	2013年3月13日	2013年3月15日	0 工作日	0 工作日
6	**⊟ 企划阶段**	**2013年3月18日**	**2013年4月9日**	**2013年3月18日**	**2013年4月9日**	**0 工作日**	**0 工作日**
7	Swot分析	2013年3月18日	2013年3月22日	2013年3月18日	2013年3月22日	0 工作日	0 工作日
8	市场预测	2013年3月25日	2013年3月26日	2013年3月25日	2013年3月26日	0 工作日	0 工作日
9	产品目标	2013年3月28日	2013年3月29日	2013年3月28日	2013年3月29日	0 工作日	0 工作日
10	定位策略	2013年3月29日	2013年4月5日	2013年3月29日	2013年4月5日	0 工作日	0 工作日
11	目标市场	2013年4月5日	2013年4月9日	2013年4月5日	2013年4月9日	0 工作日	0 工作日
12	市场营销组	2013年4月2日	2013年4月8日	2013年4月2日	2013年4月8日	0 工作日	0 工作日
13	服务策略	2013年3月26日	2013年3月29日	2013年4月2日	2013年4月4日	-4.18 工作日	-4.18 工作日
14	**⊟ 开发阶段**	**2013年4月10日**	**2013年5月13日**	**2013年4月10日**	**2013年5月13日**	**0 工作日**	**0 工作日**
15	文化资源组	2013年4月10日	2013年4月19日	2013年4月10日	2013年4月19日	0 工作日	0 工作日
16	路线开发	2013年4月30日	2013年5月13日	2013年4月30日	2013年5月13日	0 工作日	0 工作日
17	服务商选择	2013年4月30日	2013年5月13日	2013年4月30日	2013年5月13日	0 工作日	0 工作日
18	**⊟ 投放阶段**	**2013年5月15日**	**2013年6月11日**	**2013年5月15日**	**2013年6月11日**	**0 工作日**	**0 工作日**
19	制作上市E	2013年5月15日	2013年5月21日	2013年5月15日	2013年5月21日	0 工作日	0 工作日
20	规划宣传活	2013年5月22日	2013年5月28日	2013年5月22日	2013年5月28日	0 工作日	0 工作日
21	整理嘉宾名	2013年5月22日	2013年5月24日	2013年5月22日	2013年5月24日	0 工作日	0 工作日
22	公共关系	2013年5月15日	2013年6月11日	2013年5月15日	2013年6月11日	0 工作日	0 工作日
23	**⊟ 验收阶段**	**2013年3月1日**	**2013年7月8日**	**2013年3月1日**	**2013年7月8日**	**0 工作日**	**0 工作日**
24	财务总结	2013年6月10日	2013年6月28日	2013年6月10日	2013年6月28日	0 工作日	0 工作日
25	市场调查与	2013年6月10日	2013年7月1日	2013年6月10日	2013年7月1日	0 工作日	0 工作日
26	总结会	2013年7月5日	2013年7月8日	2013年7月5日	2013年7月8日	0 工作日	0 工作日
27	任务完成	2013年3月1日	2013年3月1日	2013年3月1日	2013年3月1日	0 工作日	0 工作日

图 8－17　显示差异表

	任务名称	工时	比较基准	差异	实际	剩余	工时完成百分比
0	**⊟ 一日游**	**384 工时**	**384 工时**	**0 工时**	**0 工时**	**384 工时**	**2%**
1	⊟	**136 工时**	**136 工时**	**0 工时**	**0 工时**	**136 工时**	**0%**
2	内部专家讠	40 工时	40 工时	0 工时	0 工时	40 工时	0%
3	市场调研与	80 工时	80 工时	0 工时	0 工时	80 工时	0%
4		16 工时	16 工时	0 工时	0 工时	16 工时	0%
5	征求意见	0 工时	0 工时	0 工时	0 工时	0 工时	0%
6	**⊟ 企划阶段**	**168 工时**	**168 工时**	**0 工时**	**0 工时**	**168 工时**	**0%**
7	Swot分析	40 工时	40 工时	0 工时	0 工时	40 工时	0%
8	市场预测	80 工时	80 工时	0 工时	0 工时	80 工时	0%
9	产品目标	0 工时	0 工时	0 工时	0 工时	0 工时	0%
10	定位策略	48 工时	48 工时	0 工时	0 工时	48 工时	0%
11	目标市场	0 工时	0 工时	0 工时	0 工时	0 工时	0%
12	市场营销组	0 工时	0 工时	0 工时	0 工时	0 工时	0%
13	服务策略	0 工时	0 工时	0 工时	0 工时	0 工时	0%
14	**⊟ 开发阶段**	**80 工时**	**80 工时**	**0 工时**	**0 工时**	**80 工时**	**0%**
15	文化资源组	0 工时	0 工时	0 工时	0 工时	0 工时	0%
16	路线开发	80 工时	80 工时	0 工时	0 工时	80 工时	0%
17	服务商选择	0 工时	0 工时	0 工时	0 工时	0 工时	0%
18	**⊟ 投放阶段**	**0 工时**	**0 工时**	**0 工时**	**0 工时**	**0 工时**	**0%**
19	制作上市E	0 工时	0 工时	0 工时	0 工时	0 工时	0%
20	规划宣传活	0 工时	0 工时	0 工时	0 工时	0 工时	0%
21	整理嘉宾名	0 工时	0 工时	0 工时	0 工时	0 工时	0%

图 8－18　工时表差异比较图

8.4.3　跟踪实际成本

在 Project 2007 中，除了可以跟踪项目任务进度之外，还可以跟踪项目的实际成本。

1. 任务实际成本的计算

在 Project 2007 中，可以自动计算项目的成本。但在实际项目过程中，有时需要根据情况自行输入成本。此时，执行“工具”→“选项”命令，在弹出的“选项”对话框中打开“计算方式”选项卡。在其中，取消默认选择“Microsoft Office Project 自动计算实际成本”复选框，如图 8－19 所示。然后使用“资源使用情况”视图输入实际发生的成本即可。

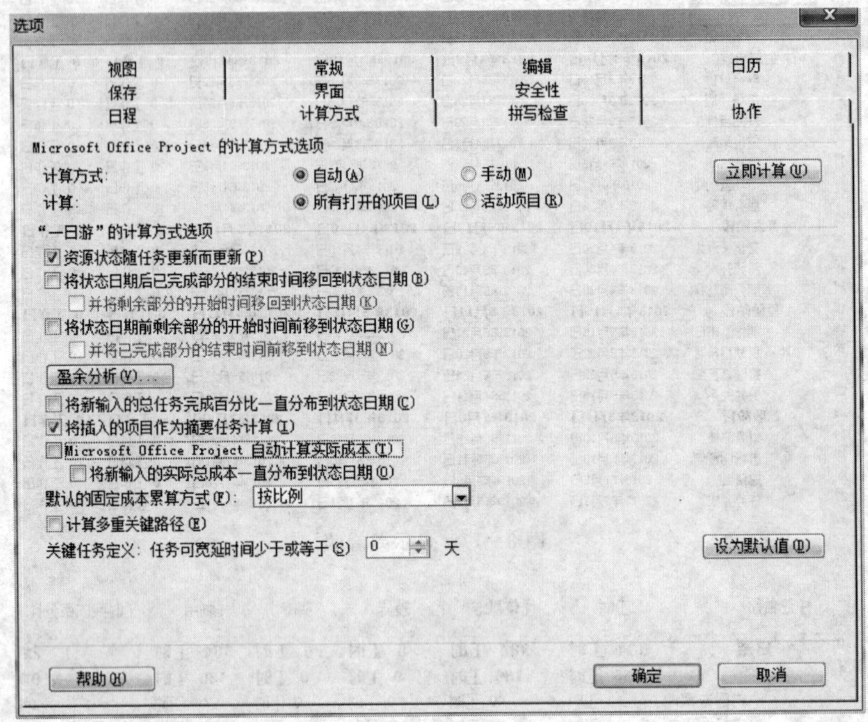

图 8－19　设置取消自动计算实际成本

2. 查看并比较任务成本与预算

在项目的实际执行过程中，我们可能会随时更新项目的实际成本信息。此时，需要随时比较实际成本与预算是否相符。其具体操作步骤如下。

在“其他视图”对话框中选择“任务工作表”选项，单击“应用”按钮，打开任务工作表，如图 8－20 所示。

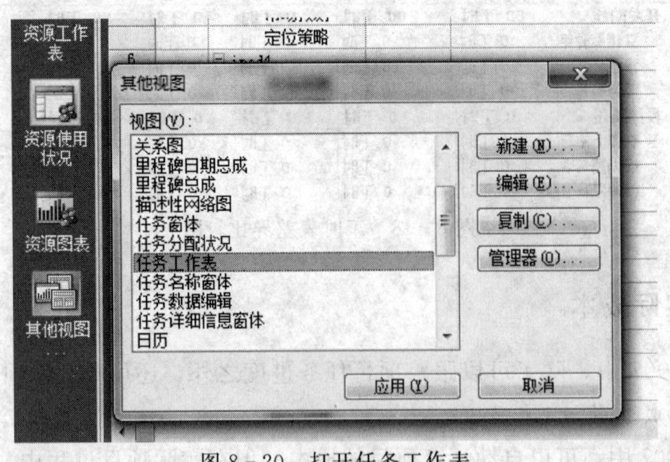

图 8－20　打开任务工作表

打开任务工作表后，执行“视图”→“表”→“成本”命令，将打开如图 8-21 所示的界面，在其中可以查看并比较成本之间的差异。

	任务名称	固定成本	固定成本累算	总成本	比较基准	差异	实际	剩余
0	⊟ **一日游**	**¥0.00**	**按比例**	**33,785.29**	**¥33,785.29**	**¥0.00**	**1,500.00**	**32,285.29**
1	⊟	**¥0.00**	**按比例**	**¥0.00**	**¥0.00**	**¥0.00**	**¥0.00**	**¥0.00**
2	内部专家评	¥0.00	按比例	¥0.00	¥0.00	¥0.00	¥0.00	¥0.0
3	市场调研与	¥0.00	按比例	¥0.00	¥0.00	¥0.00	¥0.00	¥0.0
4		¥0.00	按比例	¥0.00	¥0.00	¥0.00	¥0.00	¥0.0
5	征求意见	¥0.00	按比例	¥0.00	¥0.00	¥0.00	¥0.00	¥0.0
6	⊟ **企划阶段**	**¥10,000.00**	**按比例**	**¥20,385.29**	**¥20,385.29**	**¥0.00**	**¥1,500.00**	**¥18,885.29**
7	Swot分析	¥0.00	按比例	¥4,800.00	¥4,800.00	¥0.00	¥0.00	¥4,800.0
8	市场预测	¥0.00	按比例	¥3,490.84	¥3,490.84	¥0.00	¥0.00	¥3,490.8
9	产品目标	¥0.00	按比例	¥0.00	¥0.00	¥0.00	¥0.00	¥0.0
10	定位策略	¥0.00	按比例	¥2,094.45	¥2,094.45	¥0.00	¥0.00	¥2,094.4
11	目标市场	¥0.00	按比例	¥0.00	¥0.00	¥0.00	¥0.00	¥0.0
12	市场营销组	¥0.00	按比例	¥0.00	¥0.00	¥0.00	¥0.00	¥0.0
13	服务策略	¥0.00	按比例	¥0.00	¥0.00	¥0.00	¥0.00	¥0.0
14	⊟ **开发阶段**	**¥0.00**	**按比例**	**¥13,400.00**	**¥13,400.00**	**¥0.00**	**¥0.00**	**¥13,400.00**
15	文化资源组	¥0.00	按比例	¥0.00	¥0.00	¥0.00	¥0.00	¥0.0
16	路线开发	¥0.00	按比例	¥13,400.00	¥13,400.00	¥0.00	¥0.00	¥13,400.0
17	服务商选择	¥0.00	按比例	¥0.00	¥0.00	¥0.00	¥0.00	¥0.0
18	⊟ **投放阶段**	**¥0.00**	**按比例**	**¥0.00**	**¥0.00**	**¥0.00**	**¥0.00**	**¥0.00**
19	制作上市E	¥0.00	按比例	¥0.00	¥0.00	¥0.00	¥0.00	¥0.0
20	规划宣传活	¥0.00	按比例	¥0.00	¥0.00	¥0.00	¥0.00	¥0.0
21	整理嘉宾名	¥0.00	按比例	¥0.00	¥0.00	¥0.00	¥0.00	¥0.0
22	公共关系	¥0.00	按比例	¥0.00	¥0.00	¥0.00	¥0.00	¥0.0
23	⊟ **验收阶段**	**¥0.00**	**按比例**	**¥0.00**	**¥0.00**	**¥0.00**	**¥0.00**	**¥0.00**
24	财务总结	¥0.00	按比例	¥0.00	¥0.00	¥0.00	¥0.00	¥0.0
25	市场调查与	¥0.00	按比例	¥0.00	¥0.00	¥0.00	¥0.00	¥0.0
26	总结会	¥0.00	按比例	¥0.00	¥0.00	¥0.00	¥0.00	¥0.0
27	任务完成	¥0.00	按比例	¥0.00	¥0.00	¥0.00	¥0.00	¥0.0

图 8-21 成本工作表

8.4.4 跟踪资源分配情况

在项目的实际执行过程中，资源分配也是很重要的内容。因此，也需要对资源分配情况进行跟踪。

1. 资源实际工时的更新

资源实际工时的更新有两种情况。

(1) 根据任务分配情况更新资源的实际工时。此时，打开项目文件，切换到“任务分配情况”视图。执行“视图”→“表”→“工时”命令，将显示任务分配状况工作表，如图 8-22 所示。在任务分配状况工作表中执行“插入”→“列”命令，将弹出“列定义”对话框。在其中的“域名称”下拉列表中选择“实际工时”选项，设定好其他参数后，单击“确定”按钮，如图 8-23 所示。此时任务分配状况表中会显示出“实际工时”域，可以在“实际工时”域中输入每个任务的实际工时值，即完成更新。

(2) 根据资源使用情况更新资源的实际工时。此时，打开项目文件，切换到“资源使用情况”视图。执行“视图”→“表”→“工时”命令，将显示资源使用状况工作表，如图 8-24 所示。然后执行“格式”→“详细信息”→“实际工时”命令，在“详细信息”窗格中将显示“实际工时”域，可以在“实际工时”域中为每个资源输入实际工时值即可完成更新。

	任务名称	工时	比较基准	差异	实际	剩余	工时完成百分比	详细信息	五
0	**⊟ 一日游**	**384 工时**	**384 工时**	**0 工时**	**0 工时**	**384 工时**	**2%**	工时	12h
	预算							工时	
1	⊟	**136 工时**	**136 工时**	**0 工时**	**0 工时**	**136 工时**	**0%**	工时	12h
2	⊟ 内部专家评	40 工时	40 工时	0 工时	0 工时	40 工时	0%	工时	4h
	李丽丽	40 工时	40 工时	0 工时	0 工时	40 工时	0%	工时	4h
3	⊟ 市场调研与	80 工时	80 工时	0 工时	0 工时	80 工时	0%	工时	8h
	彩纸	1	1	0	0	1	0%	工时	0.15
	李丽丽	53.33 工时	53.33 工时	0 工时	0 工时	53.33 工时	0%	工时	4h
	孙猴子	26.67 工时	26.67 工时	0 工时	0 工时	26.67 工时	0%	工时	4h
4	⊟	16 工时	16 工时	0 工时	0 工时	16 工时	0%	工时	
	外聘学	8 工时	8 工时	0 工时	0 工时	8 工时	0%	工时	
	彩纸	1	1	0	0	1	0%	工时	
	孙猴子	8 工时	8 工时	0 工时	0 工时	8 工时	0%	工时	
5	征求意见	0 工时	0 工时	0 工时	0 工时	0 工时	0%	工时	
6	**⊟ 企划阶段**	**168 工时**	**168 工时**	**0 工时**	**0 工时**	**168 工时**	**0%**	工时	
7	⊟ Swot分析	40 工时	40 工时	0 工时	0 工时	40 工时	0%	工时	
	唐僧	40 工时	40 工时	0 工时	0 工时	40 工时	0%	工时	
8	⊟ 市场预测	80 工时	80 工时	0 工时	0 工时	80 工时	0%	工时	
	外聘学	14.55 工时	14.55 工时	0 工时	0 工时	14.55 工时	0%	工时	
	彩纸	3	3	0	0	3	0%	工时	
	张文辉	21.82 工时	21.82 工时	0 工时	0 工时	21.82 工时	0%	工时	
	ipad4	3	3	0	0	3	0%	工时	
	孙猴子	14.55 工时	14.55 工时	0 工时	0 工时	14.55 工时	0%	工时	
	地方志	4	4	0	0	4	0%	工时	
	粤剧资	5	5	0	0	5	0%	工时	
	唐僧	29.08 工时	29.08 工时	0 工时	0 工时	29.08 工时	0%	工时	
9	产品目标	0 工时	0 工时	0 工时	0 工时	0 工时	0%	工时	
10	⊟ 定位策略	48 工时	48 工时	0 工时	0 工时	48 工时	0%	工时	
	外聘学	8.73 工时	8.73 工时	0 工时	0 工时	8.73 工时	0%	工时	

图 8-22　任务分配状况工作表

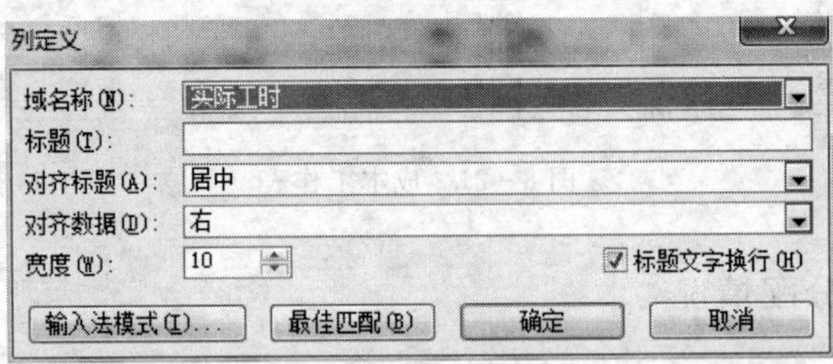

图 8-23　插入“实际工时”列

	资源名称	完成百分比	工时	加班	比较基准	差异	实际	剩余	详细信息	月3日 一	二
	⊞ 未分配的	0%	0 工时	0 工时	0 工时	0 工时	0 工时	0 工时	工时		
1	⊞ 预算								工时		
2	⊟ 外聘学者	0%	31.27 工时	0 工时	31.27 工时	0 工时	0 工时	31.27 工时	工时		
		0%	8 工时	0 工时	8 工时	0 工时	0 工时	8 工时	工时		
	市场预测	0%	14.55 工时	0 工时	14.55 工时	0 工时	0 工时	14.55 工时	工时		
	定位策略	0%	8.73 工时	0 工时	8.73 工时	0 工时	0 工时	8.73 工时	工时		
3	⊟ 彩纸	0%	8	0 工时	8	0	0	8	工时	0.15	0
	市场调研与分	0%	1	0 工时	1	0	0	1	工时	0.15	0
		0%	1	0 工时	1	0	0	1	工时		
	市场预测	0%	3	0 工时	3	0	0	3	工时		
	定位策略	0%	3	0 工时	3	0	0	3	工时		
4	⊟ 李丽丽	2%	93.33 工时	0 工时	93.33 工时	0 工时	2 工时	91.33 工时	工时	8h	
	内部专家评估	5%	40 工时	0 工时	40 工时	0 工时	2 工时	38 工时	工时	4h	
	市场调研与分	0%	53.33 工时	0 工时	53.33 工时	0 工时	0 工时	53.33 工时	工时	4h	
5	⊟ 张文辉	0%	34.92 工时	0 工时	34.92 工时	0 工时	0 工时	34.92 工时	工时		
	市场预测	0%	21.82 工时	0 工时	21.82 工时	0 工时	0 工时	21.82 工时	工时		
	定位策略	0%	13.08 工时	0 工时	13.08 工时	0 工时	0 工时	13.08 工时	工时		
6	⊟ ipad4	0%	6	0 工时	6	0	0	6	工时		
	市场预测	0%	3	0 工时	3	0	0	3	工时		
	定位策略	0%	3	0 工时	3	0	0	3	工时		
7	⊟ 孙猴子	0%	57.93 工时	0 工时	57.93 工时	0 工时	0 工时	57.93 工时	工时	4h	
	市场调研与分	0%	26.67 工时	0 工时	26.67 工时	0 工时	0 工时	26.67 工时	工时	4h	
		0%	8 工时	0 工时	8 工时	0 工时	0 工时	8 工时	工时		
	市场预测	0%	14.55 工时	0 工时	14.55 工时	0 工时	0 工时	14.55 工时	工时		
	定位策略	0%	8.73 工时	0 工时	8.73 工时	0 工时	0 工时	8.73 工时	工时		
8	⊟ 地方志	0%	8	0 工时	8	0	0	8	工时		
	市场预测	0%	4	0 工时	4	0	0	4	工时		
	定位策略	0%	4	0 工时	4	0	0	4	工时		
9	⊟ 粤剧资源	0%	10	0 工时	10	0	0	10	工时		
	市场预测	0%	5	0 工时	5	0	0	5	工时		

图 8-24　资源使用状况工作表

2. 查看并比较资源的计划与实际工时

在完成资源实际工时更新之后，就可以使用“资源使用状况”视图来查看资源计划工时与实际工时之间的差异了。下面介绍其具体操作步骤。

首先切换到“资源使用状况”视图，执行“视图”→“表”→“工时”命令。在显示的界面中，执行“插入”→“列”命令，将弹出“列定义”对话框，在其中的“域名称”列表框中选择“实际工时”选项，并设置其他选项后，单击“确定”按钮，此时资源使用状况表中将显示“实际工时”域。通过该表就可以查看并比较资源的计划工时与实际工时。

课后思考题

1. 思考关键路径分析与项目优化的关系。
2. 设置比较基准与完成项目跟踪有什么关系？
3. 练习项目跟踪的相关操作。

第 9 章
报表管理

本章学习要点：

了解 Project 2007 中的报表分类。

熟练掌握 Project 2007 中报表生成的方法。

熟练掌握报表输出的方法。

报表是项目计划中的细节信息和汇总数据。Project 2007 中提供了很多专业的报表，也可以生成各种所需的报表，以帮助我们更好地进行项目管理。本章主要介绍报表的类别及其输出的相关情况与操作。

9.1 报表的分类及生成

在 Project 2007 中，除了提供了 20 多种预先定义的报表类型外，还允许用户根据需要自定义报表。报表分为三种类型：任务报表、资源报表和交叉分析表。

任务报表是关于项目任务或活动的信息列表。资源报表是关于资源的信息列表。而交叉分析表则是关于任务和资源在一段时间内的分配信息列表，如"现金流量表"、"资源使用情况"、"任务分配情况"、"交叉分析"以及"谁在何时做什么"等。

在 Project 2007 中，报表的生成十分简单。下面介绍其操作步骤。

(1) 打开项目文件后，执行"视图"→"报表"命令，将弹出"报表"对话框，如图 9-1 所示。

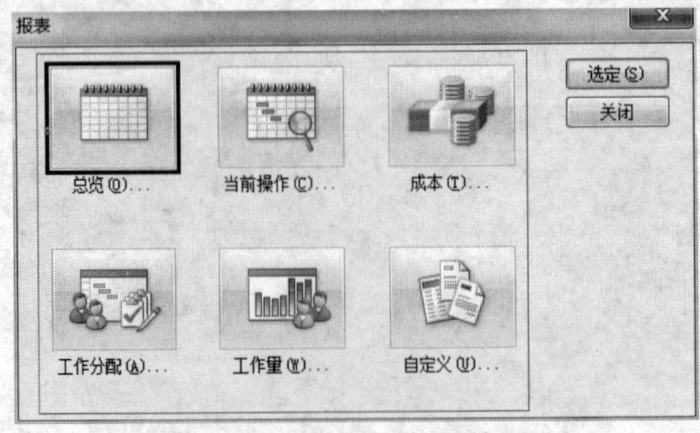

图 9-1 "报表"对话框

在“报表”对话框中，可以看到有 6 种不同类型的图标，分别是：“总览”、“当前操作”、“成本”、“工作分配”、“工作量”和“自定义”。

（2）双击不同的图标会弹出不同的界面。双击“总览”图标，将弹出“总览报表”对话框，如图 9－2 所示。

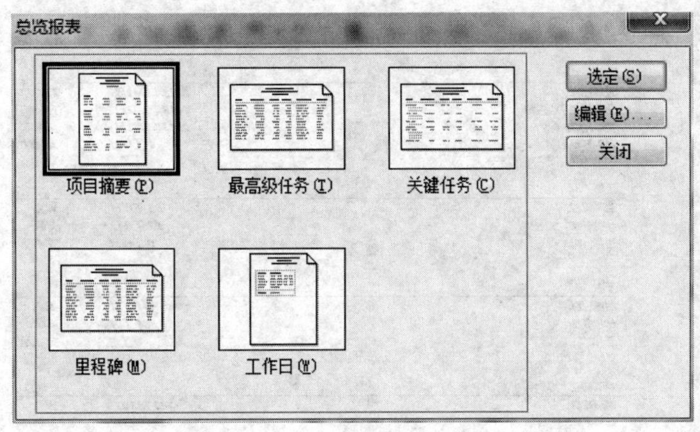

图 9－2　“总览报表”对话框

（3）在“总览报表”对话框中，包含“项目摘要”、“最高级任务”、“关键任务”、“里程碑”和“工作日”5 种不同的报表。

（4）单击“编辑”按钮，将弹出“报表文本”对话框，在其中可以设置报表的文本格式，如图 9－3 所示。

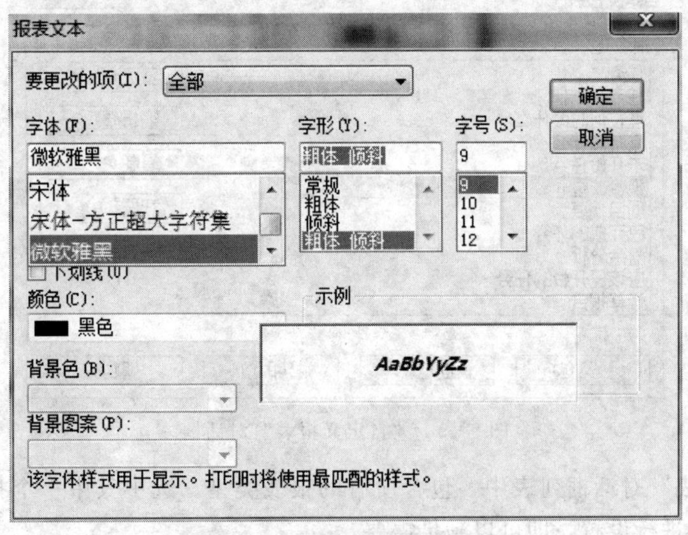

图 9－3　“报表文本”对话框

（5）设置好文本格式后，单击“确定”按钮返回。然后在图 9－2 中选中一种报表，比如“项目摘要”，单击“选定”按钮，即可显示如图 9－4 所示的“项目摘要”报表打印预览界面。

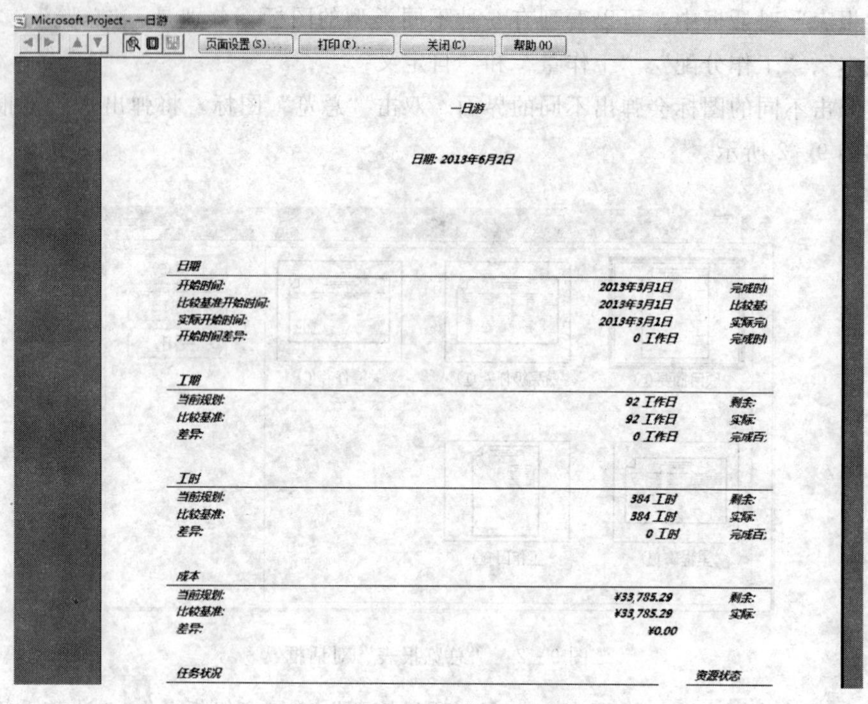

图 9-4 “项目摘要”报表

（6）返回到图 9-1 的“报表”对话框，双击其中的“自定义”图表，将弹出如图 9-5 所示的“自定义报表”对话框。

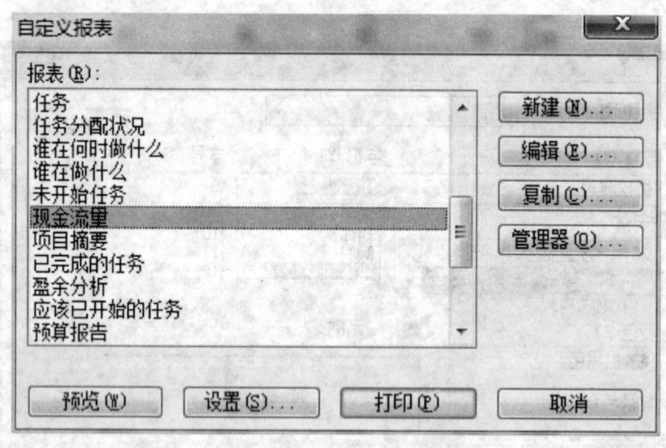

图 9-5 “自定义报表”对话框

“自定义报表”对话框列表中，包含所有的报表类型。选中其中一个报表类型，通过相关的按钮功能进行设置，即可以满足需要。

9.2 报表的输出

在 Project 2007 中，报表的输出是项目报表管理中一项常用而且重要的功能之一。

9.2.1 复制并输出图片

将项目文件以图片的方式复制下来，然后以某种形式输出，这是项目文件的一种重要的输出方式。下面介绍其操作步骤。

打开项目文件，执行“报表”→“复制图片”命令，将弹出“复制图片”对话框，如图 9-6 所示。

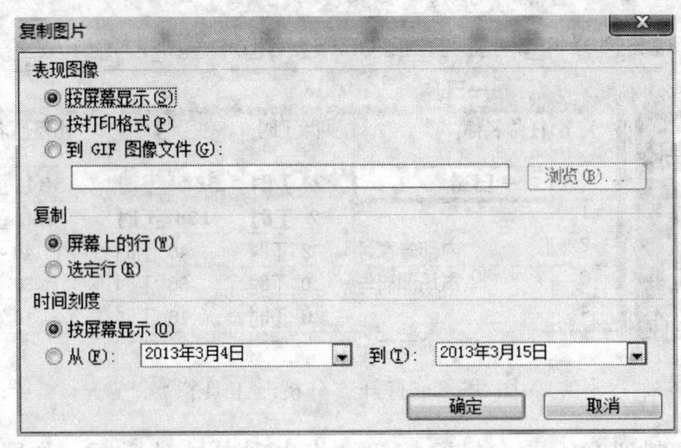

图 9-6 “复制图片”对话框

设置好相关参数后，单击“确定”按钮，此时 Project 2007 便将当前屏幕显示的内容以图片的形式复制到了剪贴板上。启动 Windows 中自带的“画图”程序，执行“编辑”→“粘贴”命令，显示出图片，如图 9-7 所示。然后可以“另存为”某种名称和格式的图片即完成输出。

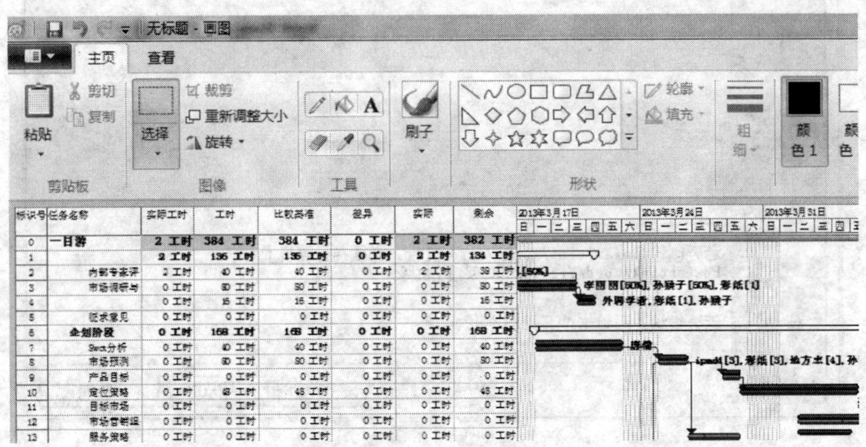

图 9-7 “画图”程序中的 Project 2007 图片显示

9.2.2 复制图片到 Office 文档

Project 2007 提供了一个方便的工具，即“将图片复制到 Office 向导”功能，通过该功能，可以把制作好的各类 Project 文档直接与 Office 文档相互整合到一起。下面介绍其操作步骤。

打开项目文件，执行“视图”→“工具栏”→“分析”命令，打开“分析”工具栏，如图 9－8 所示。

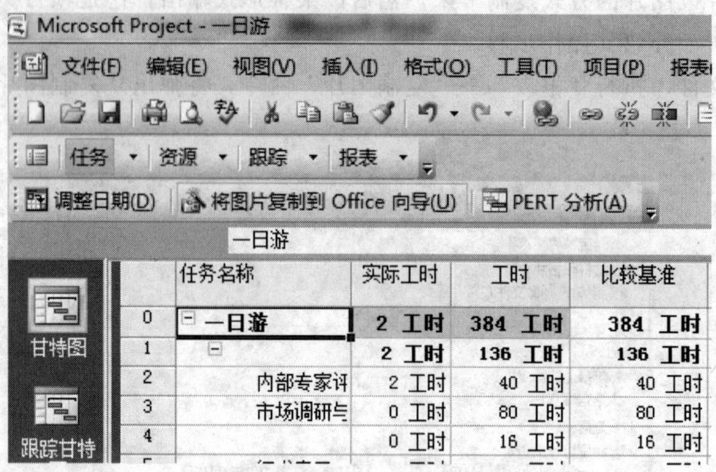

图 9－8　打开“分析”工具栏

单击“将图片复制到 Office 向导”按钮，将出现向导对话框，如图 9－9 所示。

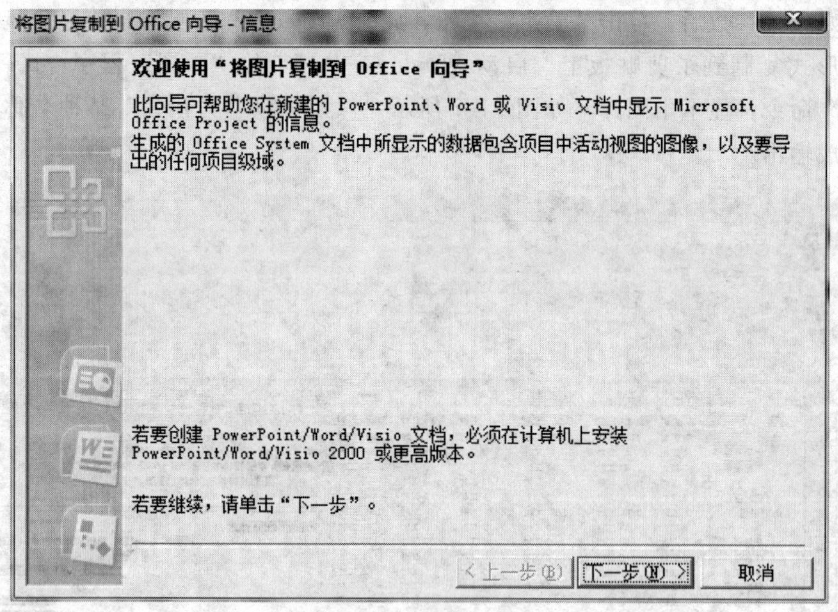

图 9－9　“将图片复制到 Office 向导”对话框

单击“下一步”按钮，在弹出的对话框中选中“保留我的原始大纲级别”单选按钮，如图 9－10 所示。

单击“下一步”按钮，在弹出的对话框中选择要复制的对象、导出的时间刻度范围和图像大小等信息，如图 9－11 所示。

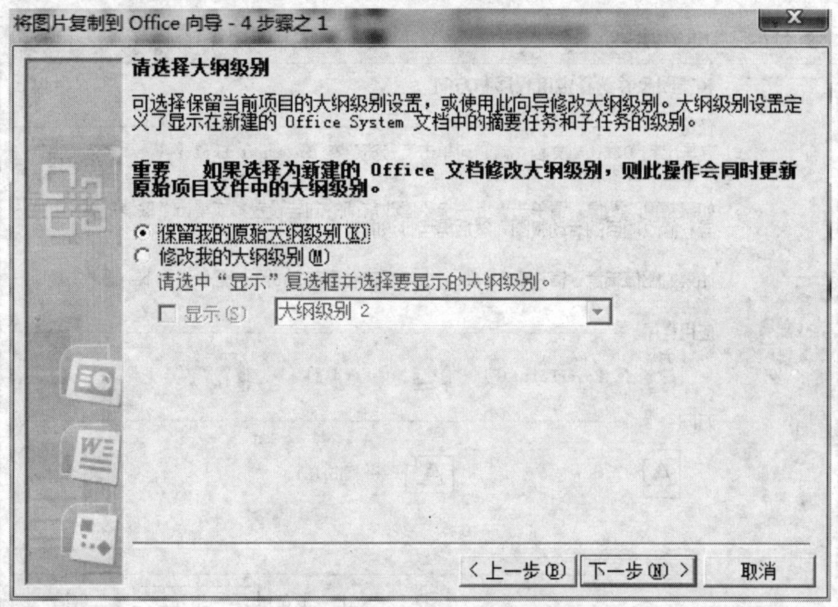

图 9－10　“选择大纲级别”对话框

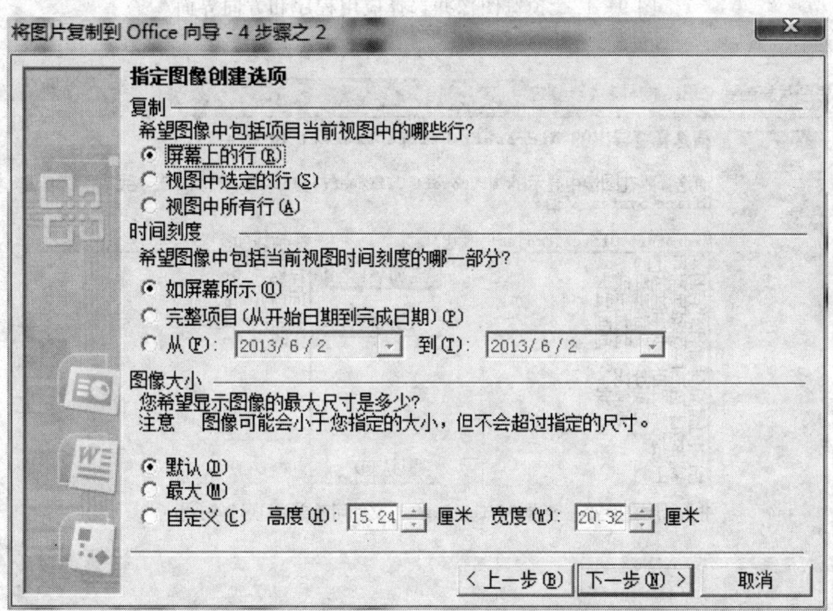

图 9－11　指定图像创建选项界面

指定图像创建选项后，单击“下一步”按钮，在弹出的对话框中选中 PowerPoint 单选按钮，如图 9－12 所示。

单击“下一步”按钮，在弹出的对话框中选择要导出哪些 Project 域。也可以将要导出的域从“Microsoft Office Project 域”列表框中通过“添加”按钮添加到“要导出的域”中，如图 9－13 所示。

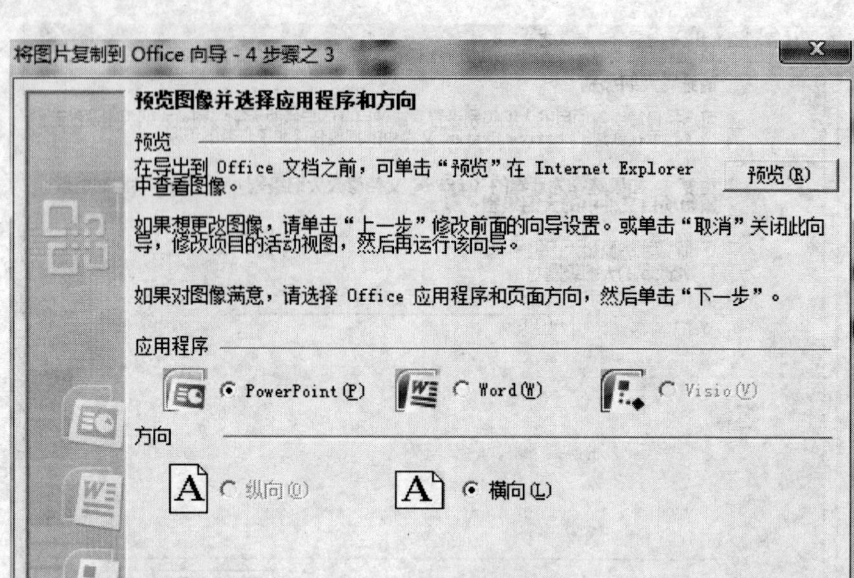

图 9－12　预览图像并选择应用程序和方向界面

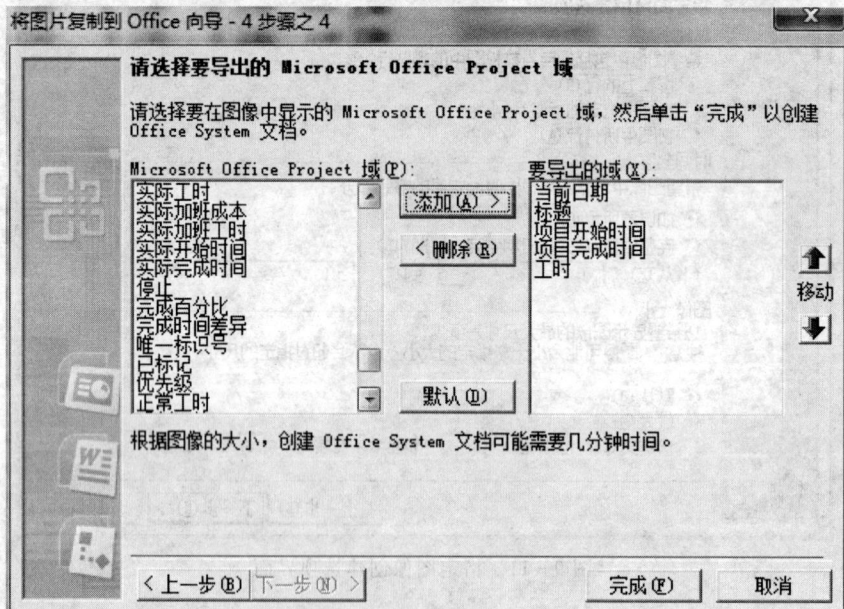

将图片复制到 Office 向导 - 4 步骤之 4

请选择要导出的 Microsoft Office Project 域

请选择要在图像中显示的 Microsoft Office Project 域，然后单击“完成”以创建 Office System 文档。

Microsoft Office Project 域(P): 实际工时、实际加班成本、实际加班工时、实际开始时间、实际完成时间、停止、完成百分比、完成时间差异、唯一标识号、已标记、优先级、正常工时

添加(A) >　< 删除(R)　默认(D)

要导出的域(X): 当前日期、标题、项目开始时间、项目完成时间、工时

移动

根据图像的大小，创建 Office System 文档可能需要几分钟时间。

< 上一步(B)　下一步(N) >　完成(F)　取消

图 9－13　选择要导出的域

单击“完成”按钮，将弹出“Office System 文档创建完成”对话框，如图 9－14 所示。

单击“关闭”按钮，将自动创建并弹出带有项目图片的演示文稿，如图 9－15 所示。

图 9-14　“Office System 文档创建完成”对话框

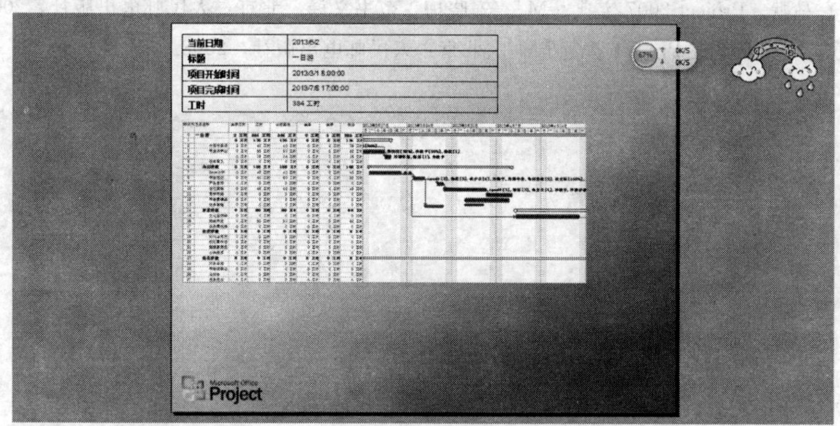

图 9-15　导出的演示文稿界面

课后思考题

1. 在 Project 2007 中，提供了哪些类型的报表类型？试举例说明。
2. 练习将报表复制图片到 Office 文档中的操作步骤。

参 考 文 献

[1] 杨志波．Project 2007 从入门到精通（中文版）[M]．北京：电子工业出版社，2008.
[2] 张会斌．Project 2007 企业项目管理实践 [M]．北京：人民邮电出版社，2008.
[3] 戴强．工商管理实践教程 [M]．天津：天津大学出版社，2009.
[4] 赵晶媛．文化产业与管理 [M]．北京：清华大学出版社，2010.
[5] 张立波．文化产业项目策划与管理 [M]．北京：北京大学出版社，2013.
[6] 陈少峰．文化产业商业模式 [M]．北京：清华大学出版社，2011.
[7] 景丽．Project 2007 中文版项目管理 [M]．北京：清华大学出版社，2010.
[8] 袁小燕．精通 Project 2007 项目管理 [M]．北京：科学出版社，2009.
[9] 吴军希．Project 2007（中文版）项目管理从新手到高手 [M]．北京：清华大学出版社，2009.
[10] 罗明兰．Project 2007 项目管理使用详解 [M]．北京：电子工业出版社，2009.
[11] （美）马默．Project 2007 宝典 [M]．安晓梅，范书义译．北京：人民邮电出版社，2008.
[12] 贺建英．完全掌握 Project 2007 [M]．北京：人民邮电出版社，2008.